Kimberley Wulf

Berlin

Kurfürstenstraße

vom Kuhstall auf den

Straßenstrich

Meine Zeit als Hure auf dem Straßenstrich
Geschichte einer Prostituierten

Roman

Grundlage von Teilen dieses Romans bilden Erzählungen und Berichte der Autorin aus dem Milieu. In diesem Roman werden wahre Begebenheiten verarbeitet. Jede Ähnlichkeit der Personen in diesem Roman mit lebenden oder verstorbenen Personen ist rein zufällig. Das gilt auch für die verwendeten Namen. Teile der Handlung trugen sich in Berlin-Schöneberg (Potsdamer Straße / Ecke Kurfürstenstraße), sowie Berlin-Mitte zu.

ISBN-13: 978-1500317676 ISBN-10: 1500317675

Wer bin ich?

»Bordsteinschwalbe, Dirne, Freudenmädchen, Hure, Nutte, Prostituierte, Strichmädchen, Schlampe oder Bitch, mir ist es egal, wie du mich nennst.«

Wohin ich gehöre:

»Die Klamotten und Gesten sind bei allen Frauen, die rund um die Uhr auf der Kurfürstenstraße stehen, die gleichen. Mit Küsschen, Smartphone am Ohr, knappem Minirock und eindeutigen Gesten werden die Freier angelockt. Gefickt und geblasen wird im Auto, im Gebüsch oder in einer der Wichskabinen. Es ist noch nicht so lange her, da stand ich genau so dort. Ich habe die High Heels beim Ficken gleich anbehalten. Die meisten Freier spritzten dann schneller ab.«

Was ich denke:

»Du denkst darüber nach, anschaffen zu gehen? Tue es nicht! Es ist egal, in welcher Lebenssituation Du Dich befindest. Prostitution ist niemals die richtige Lösung!«

Willst du mich ficken?

Wenn Du lange genug auf der Straße anschaffen gehst, dann fängst Du an, die Welt mit anderen Augen zu sehen. Du hörst irgendwann auf, an das Gute im Mann zu glauben. Zu oft erlebst Du Männer als gewalttätige und gierige Zuhälter oder als unsympathische und aufdringliche Freier.

Selbst wenn Du dann mit dem »Ficken für Geld« aufhörst, dauert es noch lange, bis Du das alles hinter Dir gelassen hast. Ich weiß, wovon ich spreche. Ich habe das Geschäft auf der Kurfürstenstraße kennengelernt.

Seit 2002 ist Prostitution in Deutschland legal. Mit dieser Entscheidung wurde unser Land zu einem Paradies für Zuhälter und Freier aus ganz Europa.

In Deutschland arbeiten mehr Prostituierte als in Thailand. Neueste Schätzungen sprechen von 400.000 Frauen, die unfreiwillig oder »freiwillig« der Prostitution nachgehen.

Jeden Tag besuchen 1.200.000 Männer Bordelle oder lassen sich auf dem Straßenstrich bedienen.

Mit der »Ware Frau« werden in Deutschland jährlich 15.000.000 000 Euro umgesetzt. Das entspricht dem jährlichen Umsatz von Porsche.

Zwischen 2002 und 2014 hat sich der Umsatz fast verdreifacht. Der Löwenanteil davon wird »schwarz« erwirtschaftet und landet in den Kanälen der organisierten Kriminalität.

Noch vor Städten wie Amsterdam ist Berlin in Europa die Hauptstadt der Prostitution.

Ich werde Ihnen von meiner Zeit auf der Kurfürstenstraße berichten.

Berüchtigt für einen harten Straßenstrich ist die Kurfürstenstraße in Berlin schon seit Jahrzehnten. Dabei hat es in dieser Zeit die unterschiedlichsten Entwicklungen gegeben.

Es gab Zeiten, da drehte sich das Geschäft um minderjährige Frauen. Man sprach vom Babystrich.

Es gab Zeiten, zu denen das Heroin dort den Ton angab. Das war die Zeit des Beschaffungsstrichs.

Dann herrschten dort abwechselnd Banden aus verschiedenen Staaten Osteuropas.

Seit einigen Jahren geben dort Zuhälterbanden aus Südosteuropa den Ton an. Dank dieser wunderbaren Europäischen Union können diese Banden dort unbehelligt agieren.

Seit der Legalisierung der Prostitution ist das Geschäft mit den Frauen auch dort geradezu explodiert. Dass Frauen dort vor die Hunde gingen, war schon fast der Normalfall. Wenn man diese Straße »überstanden hat«, dann lohnt es sich, diese Geschichte aufzuschreiben.

Ich arbeite schon seit August 2010 nicht mehr auf dem Straßenstrich. Trotzdem hat mich diese Ecke nicht in Ruhe gelassen. Die Verhältnisse dort haben sich nicht verbessert. Manche Szenen und viele Gespräche lassen mich sogar glauben, dass alles noch viel schlimmer geworden ist.

Ich frage mich jedes Mal, wenn ich dort vorbeifahre, wie lange das alles noch hingenommen wird.

Wenn ich die Frauen sehe, die dort stehen, dann muss ich an »meine Zeit« auf dem Strich denken.

Ich kann mich noch sehr genau daran erinnern, wie mir mein erster Freier in die rechte Hand spritzte. Das liegt jetzt schon fast fünf Jahre hinter mir. Ich war damals überrascht, wie wenig mir das ausgemacht hat. Mir war aber bereits damals klar, dass es nicht dabei bleiben würde. Geld kommt nur zusammen, wenn Du Dich auch ficken lässt und Du gut blasen kannst.

Blasen in allen Variationen war schon bald meine Spezialität. Ich hatte einen immensen Verbrauch an Lippenstiften, weil ich mir hinterher immer meine Lippen kräftig rot nachgezogen habe.

Knallrote Lippen und strahlend weiße Zähne waren meine Visitenkarte. »Willst Du mich ficken?«, war meine Gesprächseröffnung.

Meine Zeit auf dem Straßenstrich war kein Zuckerschlecken und hatte nichts mit Selbstverwirklichung oder Romantik zu tun.

Frauen, die auf der Straße arbeiten, setzten sich großen Gefahren und permanenter Gewalt aus. Warum unsere Gesellschaft und die Politik das alles zulassen, ist mir ein Rätsel. Tatsache ist, dass Prostitution in Deutschland ein boomendes Geschäft ist, bei dem viele Beteiligte viel Geld verdienen. Leider bleibt bei den Frauen, die Tag für Tag ihren Arsch hinhalten müssen, nur ein kleiner Bruchteil dieses Geldes hängen. Das große Geld mit der »Ware Frau« machen ganz andere.

Ich habe die Prostitution in verschiedenen Ausprägungen miterlebt. Meine Zeit auf dem Straßenstrich war die härteste Episode. Denken Sie bitte an mich, wenn Sie mit dem Auto durch die Kurfürstenstraße fahren.

Kimberley Wulf
Januar 2014

»Du gehst anschaffen und denkst darüber nach, auszusteigen? Such Dir Hilfe und tue es! Jetzt ist der richtige Zeitpunkt! Du bist Politikerin und befasst dich mit dem Thema Prostitution? Unternimm endlich etwas! Die Lage für die Frauen ist beschissen. Die Verhältnisse für die Zuhälter sind paradiesisch. Der Grund ist das Versagen und die Untätigkeit der Politikerinnen und Politiker!«

INHALT

Die Autorin

Kimberley Wulf wurde 1989 in Halle an der Saale geboren. Dort verbrachte sie ihre Kindheit im Stadtteil Silberhöhe. Kimberley selbst beschreibt ihre Kindheit als »behütet« und »geborgen«. Das ändert sich mit dem Ende der elterlichen Ehe. In rascher Folge erlebt und erleidet sie mehrere Stiefväter und die Geburten weiterer »Halbbrüder« und »Halbschwestern«. Auch finanziell schafft es die Familie zu keinem Zeitpunkt, geordnet zu leben. Sozialhilfebezug und Hartz IV sind Kimberley von Kindesbeinen an geläufig.

Das alles wird noch problematischer, als die Familie im Jahr 2004 nach Mecklenburg-Vorpommern in ein kleines Dorf in der Nähe von Pasewalk übersiedelt.

Der Umzug ist die Folge einer Internetbekanntschaft der Mutter. Gemeinsam mit dem »neuen« Stiefvater bezieht die Familie ein baufälliges Haus am Dorfrand.

Noch vor der erneuten Heirat der Mutter kommen zwei weitere Halbbrüder zur Welt. Die Ehe der Mutter scheitert dann nach nur wenigen Monaten.

Während sich Kimberley in Halle trotz der prekären finanziellen Lage der Familie sehr wohl gefühlt hatte, stellt der Umzug in die »Wildnis« eine persönliche Katastrophe dar. Ihr gelingt es zu keinem Zeitpunkt in der neuen Heimat Fuß zu fassen.

Ihren Stiefvater erlebt sie als Lüstling und Tyrannen, der dem hübschen Mädchen das Leben in der Familie fast unmöglich macht. Der tägliche Alkoholkonsum macht den Stiefvater für sie völlig unberechenbar.

Aber auch außerhalb der Familie hat Kimberley Schwierigkeiten ihren Platz in der Gemeinschaft zu finden.

In der Abgeschiedenheit des kleinen Dorfes findet sie keine Freundinnen. In der Schule bleibt sie eine Außenseiterin.

So wird aus der einstmals sehr guten Schülerin eine »verzogene Göre«, die Schule ohne Abschluss abbricht und sich anschließend eine Weile mit Gelegenheitsjobs durchschlägt. Immer wieder landet sie in der »Hartz IV Schublade« des Jobcenters in Pasewalk.

Als Tresenkraft erlebt die hübsche, junge Frau dann, wie sie mit ihren weiblichen Reizen Männern den Kopf verdrehen und ihnen die Taschen leeren kann. Auf Usedom legt sie damit 2008 den Grundstein für ihre weitere Laufbahn im Berliner Rotlichtmilieu.

Mit dem Umzug `nach Berlin erlebt die Autorin das Leben als Prostituierte in den unterschiedlichsten Facetten. In diesem Buch lässt Sie Kimberley an diesen Erlebnissen und Erfahrungen teilhaben. Die Autorin nimmt Sie mit auf eine Reise durch das Milieu mit seinen Abgründen und auch glücklichen Momenten.

Grundlage dieses Buches sind Gespräche und Tagebücher aus den Jahren 2008-2011.

Dieses Buch berichtet aus der Sicht einer Prostituierten und ist ihre persönliche Abrechnung mit der Straßenprostitution.

»Ich stelle das alles aus meiner Perspektive dar. Eine Polizistin oder ein Freier wird vieles anders wahrnehmen und beurteilen. Schon die betroffenen Frauen kommen zu abweichenden Einschätzungen. Mir hat einmal eine 21 Jahre alte Frau aus Bulgarien gesagt: »Worüber beklagst Du Dich eigentlich? Mir geht es hier viel besser als in Bulgarien. Dir geht es doch noch viel besser als mir! Die Männer sind freundlich und meistens noch nicht einmal betrunken. Trotzdem möchte ich hier wieder weg. Ich vermisse meine Kinder. Im Moment muss ich aber bleiben, weil mein Mann mich beim Kartenspielen an einen Zuhälter verloren hat. Was mich in Bulgarien erwartet, das weiß ich genau. Dort werde ich in der Verwandtschaft herumgereicht. Fürs Ficken bekomme ich dann aber überhaupt kein Geld mehr. Da bleibe ich doch besser hier. Wenn meine Kinder nicht währen, dann würde ich nie wieder nach Bulgarien gehen. Berlin ist klasse!«

In der Wichskabine

Mai 2009

Ich kann mich noch sehr genau daran erinnern, wie mir mein erster Freier in die rechte Hand spritzte. Das liegt jetzt schon fast fünf Jahre hinter mir. Ich war damals überrascht, wie wenig mir das ausgemacht hatte.

Es war wohl eine glückliche Fügung, dass ich meine »Karriere« nicht damit begann, von einem brutalen Kerl gefickt zu werden. Der Handjob war so was wie ein weicher Einstieg. Damals habe ich mich auf dem Strich auch noch gar nicht ficken lassen. Meine Spezialität war ein netter Blowjob für 20 Euro.

Mein erster Freier war ein junger Kerl, der schon eine ganze Weile um mich herumschlich, dann schließlich allen Mut zusammennahm und auf mich zukam. Natürlich habe ich ihn dann freundlich angesprochen.

Kimberley: »Hallo. Hast Du Lust mitzukommen?«

Der Kleine war schüchtern. Das war richtig süß. Er war vielleicht 25 Jahre alt und kam wahrscheinlich gerade von seiner Arbeit. Ich war damals 18 Jahre alt und stand an meinem neuen Arbeitsplatz. Der befand sich an der Ecke Potsdamer Straße. Ich wohnte damals auch in der unmittelbaren Nähe.

Mit meinen Freiern bin ich aber nicht in meine Wohnung gegangen.

Gefickt und vor allem geblasen habe ich meistens in einer der Wichskabinen, die sich im Erdgeschoss der »******« befanden. Die »******« war ein Sexshop über mehrere Etagen. Im Erdgeschoss befanden sich einige Wichskabinen. Dort bin ich mit meinen Freiern hinein. Sie kennen diese Kabinen bestimmt auch aus Ihrer Stadt. Falls Sie diese Kabinen nicht kennen, haben Sie aber auch nichts verpasst. Wenn sich Männer dort alleine reinsetzen und sich bei einem Pornofilm einen runterholen, dann ist das doch eine eher trostlose Angelegenheit. Wenn Sie allerdings mit mir in eine solche Kabine gingen, dann stand ihnen ein heißes Erlebnis bevor. Solange es beim Blasen und Massieren blieb, war das alles für mich kein größeres Problem, sondern lediglich eine Dienstleistung, für die ich mich bezahlen ließ. Zumindest war das damals meine Einstellung. Meistens habe ich in diesen Kabinen geblasen. Dazu habe ich mein T-Shirt ausgezogen und mich vor den sitzenden Freier gehockt. Geblasen habe ich nur mit Gummi und niemals ungeschützt. Im Hintergrund lief dann ein Pornofilm. Den brauchte mein Freier aber nicht als Inspiration, sondern nur damit die Kabine als »besetzt« gekennzeichnet war und ich nicht bei meiner Arbeit gestört wurde. Ich habe mich in diesen Kabinen auch ficken lassen. Das ging aber nur von hinten

und im Stehen.

Zu diesen Kabinen wäre noch zu sagen, dass es zwei verschiedene Größen gab. Die meisten Kabinen waren eng und klein. Ficken konnte man zwar dort auch, jedoch konnte es durch die Enge schon mal unbequem werden. Bei sehr korpulenten Herren war das ein echtes Problem.

Dann gab es noch zwei Kabinen, die übers Eck gebaut waren. Diese beiden Kabinen waren deutlich geräumiger und großzügiger. Leider waren sie aber meistens belegt, da ich nicht die einzige Frau war, die hier ihre »Helping hand« anbot.

Da war es dann mal ein echter Glücksgriff, wenn ich eine der großen Kabinen erwischte.

Bei meinem ersten Freier hatte ich dieses Glück.

Erster Freier: »Hallo, was kostet es denn?«

Kimberley: »Ich kann ihn Dir blasen. Das kostet 20 Euro. Wir gehen dann in eine der Kabinen in der »******«. Du brauchst dann nur noch drei oder vier Euro für die Kabine. Wir müssen ein bisschen den Film in der Kabine laufen lassen, damit wir nicht auffallen.«

Der Kleine gluckste ein bisschen unsicher herum. Das war schon eine komische Situation. Ich war neu auf dem Strich und außerdem um einiges jünger als er. In dem kurzen Gespräch mit ihm wirkte ich aber erfahren und ihm überlegen.

Ich bemühte mich freundlich zu sein und lächelte ihn die ganze Zeit nett an. In dieser Situation zahlten sich meine Erfahrungen aus, die ich während der Sommermonate 2008 auf der Insel Usedom gesammelt hatte. Ich hatte dort eine Weile als Tresenkraft in einer Hotelbar gearbeitet, ohne dabei anschaffen gegangen zu sein.

Erster Freier: »Das ist ok. Ich habe aber wirklich nur 15 Euro dabei. Kann ich Dir morgen den Rest geben?«

Er schaute mich verlegen aber auch erwartungsvoll an. Ich dachte einen Moment lang nach und sagte dann freundlich: »15 Euro gehen leider nicht. Kannst Du nicht schnell zur Bank gehen und etwas Geld holen?«

Erster Freier: »Nein, das geht leider nicht. Ich habe meine EC-Karte nicht dabei.«

Was sollte ich mit dem »Kleenen« nur machen? Einerseits erschien er mir als möglicher erster Freier problemlos, andererseits hatte ich mir fest vorgenommen, mindestens 20 Euro zu verlangen. Die ganze Sache sollte sich für mich ja auch lohnen. Außerdem gab es im Bezug auf die Preise klare Absprachen mit den anderen Frauen. Uns war daran gelegen, Dumping zu unterbinden.

Während ich noch überlegte, meldete er sich wieder zu Wort.

Erster Freier: »Es reicht mir schon, wenn Du bei mir eine Handmassage machst. Du musst ihn mir gar nicht blasen.«

Ohne jetzt weiter zu überlegen, sagte ich nur: »Na, dann komm mal mit.«

Ich lächelte ihn noch mal an und ging dann mit ihm im Schlepptau los. Auf dem kurzen Weg in die Kabine bemerkte ich, wie aufgeregt der »Kleene« war. Dabei wusste er natürlich nicht, dass es für mich das erste Mal sein sollte. Er schien auch kein eingefleischter Hurenbock zu sein. Vielleicht war es auch für ihn das erste Mal. Er folgte mir wortlos und schien immer noch angespannt und sehr unsicher zu sein. Um ihm bereits unterwegs die Anspannung zu nehmen, fing ich ein lockeres Gespräch an, als wir an der roten Ampel einen Moment warten mussten.

Kimberley: »Ich heiße Kimberley und Du?«

Natürlich ist es im Gewerbe nicht klug, Freiern seinen richtigen Namen zu nennen. Warum ich es doch tat, kann ich mir bis heute nicht erklären. Vielleicht weil ich meinen Namen so beschissen finde. Außerdem klingt er derart nuttig, dass wahrscheinlich niemand auf die Idee kommt, dass Kimberley mein echter Name sein könnte.

Mein erster Freier stockte für einen Moment. Ich bin mir sicher, dass er mir seinen echten Namen nicht sagen wollte. Er war wohl aber auf meine Frage nicht vorbereitet gewesen und kramte nun in seinem Gedächtnis herum.

Erster Freier: »Ich heiße Mike.«

Er war ein schlechter Lügner und schaute verlegen auf die Straße. Ich hatte nicht erwartet, dass er mir seinen tatsächlichen Namen nennen würde. Sein echter Name war mir auch wirklich völlig egal. Ich wollte ihn schließlich nicht kennenlernen, sondern ihn nur ein wenig locker machen. Schließlich hatten wir beide noch einiges gemeinsam vor.

Kimberley: »Kommst Du aus Berlin?«

Wieder war er am Grübeln, um dann knapp zu antworten.

Mike: »Ja.«

Kimberley: »Ich bin neu in der Stadt.«

Mike: »Und? Gefällt es Dir hier?«

Kimberley: »Ja schon.«

Damit endete dann das Gespräch. Wir hatten Glück und konnten eine der großen Kabinen benutzen. In der Kabine gab er mir dann das Geld. Mein erster Lohn bestand aus Münzen! Ich musste von den 15 Euro sogar noch drei Euro abzwacken, um den Filmautomaten in der Kabine zu füttern.

So blieben mir von meinem ersten Einsatz gerade einmal 12 Euro übrig. Das war definitiv kein Start in die Liga der Großverdienerinnen.

Der Job selbst war dann aber kein Problem. Ich ließ seine Hosen runter und zog mir mein T-Shirt aus. Dann setzte er sich und ich hockte mich vor ihn. Ich zog ihm ein Gummi über und massierte seinen Penis. Er war jung und ich merkte bereits nach weniger als einer Minute, dass es eine sehr kurze Veranstaltung werden würde.

Ich wichste ihn mit meiner rechten Hand und legte meine linke Hand auf einen seiner Oberschenkel. Ich wichste praktisch wortlos und schaute ihm auf sein Glied. Ich spürte, dass er mich intensiv anschaute. Dann wurde seine Atmung schwerer. Ich hob meinen Blick und schaute ihn fordernd an. Das reichte schon. Sein Atem wurde etwas lauter und dann spürte ich, wie das Sperma aus seinem Penis schoss. Ich wichste noch einen kurzen Moment etwas schneller und wurde dann langsamer. Er schaute erschöpft aber befriedigt. Ich lächelte ihn an und ließ dann seinen Schwanz wieder los. Das waren unterm Strich keine zehn Minuten Arbeit. Ich stand auf und zog mir rasch mein T-Shirt zurecht. Er blieb noch einen Moment mit heruntergelassener Hose und vollgespritztem Kondom sitzen. Ich verabschiedete mich freundlich und überließ es ihm, sich um den »Rest« zu kümmern.

Wieder auf der Straße beschloss ich erst mal einen Kaffee zu trinken. Ich wollte Mike nicht mehr begegnen und außerdem kurz mit Melanie über meinen ersten Job reden. Ich beschloss daher Melanie, die ich auf der anderen Straßenseite stehen sah, auf einen Kaffee einzuladen. Kleingeld hatte ich schließlich jetzt genug.

100 Euro Cash

Als ich Melanie in dem Imbiss bei einem Kaffee von meinem ersten Freier erzählte, musste sie lachen.

Melanie: »Zwölf Euro in Münzen? Wenn Du bei diesen Preisen bleibst, dann musst Du bald Geld mit zur Arbeit bringen und uns ruinierst Du damit das Geschäft. Es gibt hier eine definitive Preisuntergrenze von 20 Euro. Außerdem darfst Du den Männern, die hier rumschleichen, niemals glauben oder vertrauen. Es gibt Typen, die versuchen immer wieder, für möglichst kleines Geld, viel zu viel von Dir zu bekommen. Gerade wenn Du hier neu bist, dann bist Du für die ein gefundenes Fressen. Du darfst Dich hier nicht verarschen lassen. So wie ich es beurteile, scheint dieser Mike einer von diesen Typen zu sein. Ich werde ihn mal im Auge behalten. Wenn er hier nochmal mit seinem geplünderten Sparschwein aufschlägt, dann werde ich mit ihm ein ernstes Wort reden müssen.«

Melanie hatte mit ihrer Kritik recht. Sie arbeitete damals schon einige Monate auf der Straße und wusste genau, wie der Hase hier lief.

Melanie: »Hier gibt es feste Preise. Wenn wir anfangen es auch mal billiger zu machen, dann gewöhnen sich diese Typen daran. Dann gehen die Preise in den Keller und wir fangen an, uns gegenseitig zu unterbieten. Dabei ist es schon schlimm genug, dass hier immer mehr Rumäninnen auftauchen, die für kleines Geld fast alles machen.«

Auch damit lag sie richtig. Ich war einfach noch zu unerfahren und war mit den finanziellen Gepflogenheiten auf der Straße noch nicht so vertraut. So gesehen war das alles für mich sehr lehrreich.

Finanziell betrachtet war mein erster Freier eher ein Reinfall. Andererseits erfuhr ich durch Mike einen sanften Einstieg in meinen neuen Job.

Ich nahm mir Melanies Kritik zu Herzen, trank hastig meinen lauwarmen Kaffee aus dem Plastikbecher auf, und brachte mich dann wieder auf der Straße in Position. Jetzt wollte ich es wissen!

Schon beim nächsten Freier kassierte ich keine Münzen mehr und musste dafür seinen Schwanz auch tief in meinen Mund nehmen. Auch sonst war mein zweiter Freier schon etwas schwieriger als der kleine Mike.

Mike saß mir in der Kabine verängstigt gegenüber, als ich zwischen seinen Beinen hockte und ihm sein Glied massierte. Er wagte es nicht, mich zu berühren. Mein zweiter Freier war dann schon etwas fordernder.
Er versuchte mir an meine Brustwarzen zu gehen, und mich am Hinterkopf

zu packen.

Zweiter Freier: »Ich gebe dir noch einmal 10 Euro extra, wenn Du deinen BH ausziehst und ich an Deine Titten darf.«

Ich habe den zusätzlichen Zehner genommen, meinen lila gemusterten BH ausgezogen, und ihn an meinen Titten fingern lassen. Das schien ihm zu gefallen. Trotzdem dauerte es bei ihm wesentlich länger als bei Mike.

Ich musste seinen Schwanz immer wieder aus dem Mund nehmen und ein wenig mit der Hand arbeiten. Es wurde sogar richtig anstrengend für mich. Schließlich spürte ich, dass er mich etwas fester im Nacken packte. Ich nahm dann seinen Penis etwas fester zwischen die Lippen und wichste ihn mit meiner rechten Hand. Gerade als ich auch noch ein Stöhnen aufsetzte, schoss ihm das Sperma heraus. Ich nahm seinen Penis aus dem Mund und wichste noch ein wenig weiter. Dieses Mal war die »Portion Sperma« wesentlich kleiner.

Übrigens hätte ich meinen BH auch ausgezogen, wenn er mir dafür keinen extra Zehner gegeben hätte. Da er mir das Geld aber anbot, habe ich es natürlich gerne genommen.

Der Typ, dem ich gerade einen geblasen hatte, war insgesamt sehr zufrieden mit mir und deutete sogar an, wiederzukommen. Er gehörte in die Kategorie der regelmäßigen Puffgänger. Zu einem meiner Stammfreier wurde er jedoch nicht.

Bei dieser Nummer war aber bereits etwas Gewalt im Spiel. Die Art, wie er mich anpackte und gegen seinen Schwanz drückte, war grob und rücksichtslos. Er ließ mich dabei deutlich spüren, dass er ohne jeden Respekt mit mir umging. Kurz bevor er abspritzte, ließ er mich das auch noch verbal spüren.

Freier: »Fester! Du verficktes Miststück, ich spritze Dir gleich in Deine Fresse.«

Das störte mich nicht besonders. Manche Männer brauchen das einfach. Wenn sie dann auch noch schneller abspritzen, dann kann das mir eigentlich nur recht sein. Solange es dabei bleibt, gehört es schlicht zu meinem Job.

Anders als bei Mike kümmerte ich mich dann noch um die Nachsorge. Ich nahm mir zwei Taschentücher und zog ihm vorsichtig das Kondom herunter. Den Abfall entsorgte ich in dem kleinen Mülleimer, der in der Kabine stand. Dann drückte ich ihm noch ein Taschentuch in die Hand, zog mich an und verließ die Kabine. Wir verabschiedeten uns noch freundlich voneinander. Da ich einen guten Lauf hatte, entschied ich mich jetzt keine Pause zu machen, sondern mich gleich wieder in Position zu bringen. Außerdem sah ich Melanie nicht. Sie schien also gerade einen

Einsatz zu haben.

Dass ich meinem Freier nach dem Abspritzen den Schwanz putzen sollte, hatte mir Melanie in der kurzen Pause gesagt.

Melanie: »Das hatte ich vergessen Dir zu sagen: Lass Deine Freier nicht mit dem benutzten Kondom auf dem Glied in der Kabine sitzen. Wenn Du Pech hast, dann veranstalten die eine riese Schweinerei. Es reicht aber schon aus, die benutzten Taschentücher auf den Boden zu werfen, um Ärger mit der Aufsicht zu bekommen. Du musst dafür sorgen, dass Kondome und Taschentücher im Mülleimer verschwinden. Sonst kannst Du die Kabine vergessen.«

Ich habe mich in Zukunft daran gehalten.

Melanie war damals meine beste Freundin. In ihrer Wohnung war ich nach meiner Ankunft in Berlin fürs Erste untergekommen und sie hatte mir auch diesen Job »vermittelt«.

An meinem ersten Tag hatte ich dann noch vier weitere Freier. Insgesamt war ich knapp fünf Stunden auf der Straße gewesen. Ich hatte um 13:00 Uhr angefangen. Kurz vor 18:00 Uhr verließ ich zum letzten Mal für diesen Tag die Kabine.

Umgesetzt hatte ich an meinem ersten Tag 125 Euro. Dieses Geld war aber noch nicht mein tatsächlicher Verdienst. Ich musste noch Waldemar bezahlen. Waldemar war der Sicherheitsmann, der den Eingangsbereich der »******« bewachte.

Melanie und ich hatten eine Vereinbarung mit ihm. Er bekam für jeden Freier von uns jeweils fünf Euro. Dafür duldete er unsere Eskapaden in den Wichskabinen und behielt uns im Auge, wenn wir an der Straße standen. Mit ihm hatten wir aber auch verabredet, dass wir die Wichskabinen in ordentlichem Zustand wieder verließen.

Waldemar garantierte uns und noch wenigen anderen Frauen eine gewisse Exklusivität an diesem Arbeitsplatz. Er ließ weder die drogensüchtigen Frauen noch die Balkanhuren die Kabinen benutzen. Die mussten daher in den Autos der Freier arbeiten oder fuhren in eine der zahlreichen Pensionen im Schöneberger Kiez.

Überhaupt hielt er die Kreuzung »sauber« und getrennt von dem Straßenstrich, der von jungen Balkanhuren und deren zahlreichen Zuhältern dominiert wurde.

Am Ende meines ersten Arbeitstags gab ich Waldemar dann noch unauffällig seine 30 Euro und unterhielt mich kurz mit ihm.

Waldemar: »Und sehe ich Dich morgen wieder hier?«

Kimberley: »Ja.»

Waldemar: »Um die gleiche Zeit?«

Kimberley: »Ja.«

Waldemar: »Aber auch wenn morgen Freitag ist, um 18:00 Uhr ist Schluss für euch beide. Sonst wird es hier zu voll.«

Kimberley: »Ist schon klar.«

Nachdem ich meine Kosten abgezogen hatte, blieben mir an diesem Tag etwas über 90 Euro. Das war damals für mich viel Geld für wenig Arbeit. Trotzdem war ich nicht zu 100 Prozent mit mir zufrieden. Ich nahm mir für die Zukunft vor, mindestens 100 Euro an einem Nachmittag zu verdienen. Diese 100 Euro wurden zu meiner Richtschnur für die Arbeit hier auf dem Strich.

Melanie hatte an diesem Tag schon etwas früher Schluss gemacht und wartete in einem kleinen Café auf der gegenüberliegenden Straßenseite auf mich.

Ich hatte bereits an meinem ersten Tag bemerkt, dass ich bei den Freiern besser ankam als sie und mehr verdiente. Ich ahnte schon damals, dass das zu einem Problem zwischen uns werden würde.

Ich war »pufftauglicher« als Melanie. Mit meinen blonden Haaren war ich eher eine Seltenheit auf unserer Straße. Die meisten anderen Frauen waren, wie Melanie, eher vom dunklen Typ.

Auch meine Figur kam gut an. Mit meinen 1,69 Metern war ich ein ganzes Stück größer als Melanie. Mit einer Körbchengröße von 75 D hatte ich zwar keine Monstertitten, aber immerhin noch genug »Holz vor der Hütte«, um meinen Busen ansprechend zu präsentieren. Damals hatte ich mich gerade auf Konfektionsgröße 34 heruntergehungert und war damit sehr schlank.

Völlig ohne Probleme sollte auch das Verhältnis zu Waldemar nicht dauerhaft bleiben. Zwar verband Melanie mit Waldemar keine Liebe, sondern eher eine geschwisterliche Freundschaft, es war aber nicht zu übersehen, dass sie doch mehr von ihm hielt. Ich durfte sie daher nicht eifersüchtig machen, sondern musste eine ausreichende Distanz zu ihm wahren. Mir persönlich gefiel Waldemar nicht besonders. Er war nicht der Typ Mann, auf den ich damals stand. Rein geschäftlich betrachtet war er aber für uns beide ein Glücksgriff. Für wenig Geld verschaffte er uns die dringend benötigte Sicherheit, während wir arbeiteten, und hielt uns die Konkurrenz vom Hals.

Ich war damals ziemlich naiv und nicht in der Lage, die gesamte Tragweite an Problemen zu übersehen, die mein neuer Job mit sich bringen sollte. So rutschte ich ziemlich unbedacht in das Milieu ab.

Damit Sie die Einzelheiten besser nachvollziehen können, werde ich Ihnen schildern, was sich in den Monaten vor diesem ersten Tag auf dem

Straßenstrich an der Kurfürstenstraße zutrug.

Noch vor wenigen Monaten lebte ich ein langweiliges, trostloses Leben ohne jegliche Perspektive im Landkreis Uecker-Randow. Dann lernte ich Melanie kennen und mein Leben nahm eine neue Richtung, die mich schließlich nach Berlin führte. Bevor es aber soweit war, lag im Jahr 2008 noch ein ereignisreicher Sommer vor mir.

Gerade volljährig geworden, nahm ich mein Leben in die eigenen Hände. Für das, was mir bevorstand, war ich viel zu naiv und unbedacht. Ohne es zu wissen oder auch nur zu erahnen, war ich auf dem härtesten Straßenstrich der Region gelandet.

Damals war das eine der gefährlichsten Adressen überhaupt. Das war bestimmt nicht der richtige Ort für zwei junge Landeier. In meiner Dummheit hatte ich aber weder ein Ohr noch ein offenes Auge für die Gefahren, denen ich mich aussetzte. Ich verließ mich einfach auf Melanie.

Melanie: »Gefährlich? Was soll uns schon passieren? Wir arbeiten doch nur, solange es hell ist. Die Perversen und Spinner kommen doch erst, wenn es dunkel wird.«

Wie unfassbar naiv waren wir damals! Ich war zwar volljährig, hatte aber den geistigen Reifezustand einer Sechzehnjährigen.

Ich bin damals aber nicht von heute auf morgen auf dem Straßenstrich gelandet. Es gibt eine Vorgeschichte, die ich Ihnen erzählen werde.

Carola und das Märchen vom großen Geld

Rückblick: November 2008

Im November 2008 hatte ich bereits einige erlebnisreiche Monate im Milieu hinter mir. Ich war aber noch nicht anschaffen gewesen. Bis dahin sollten noch einige Monate vergehen. Meine Tätigkeiten in verschiedenen Bars und Clubs führten mich aber auf direktem Weg auf den Straßenstrich.

Auf diesem Weg spielte Carola eine wichtige Rolle. Sie war es letztendlich, die mir meine letzten Zweifel nahm und mich glauben ließ, auf dem Strich das große Geld machen und ein sorgenfreies Leben führen zu können.

Heute weiß ich, dass ihre Geschichten erlogen waren. Damals beging ich aber den Fehler und glaubte ihr. Für mich klang alles so logisch und verlockend. Trotzdem mache ich ihr heute keinen Vorwurf. Ich hätte ihre Lügen durchschauen können. Wahrscheinlich wollte ich gerade das aber gar nicht.

Carola war eine Zufallsbekanntschaft. Ich lernte sie im Zug von Hannover nach Berlin kennen.

Wir beide saßen auf dieser Zugfahrt in einem kleinen Abteil als einzige Fahrgäste. Schon kurz nachdem der Zug den Bahnhof in Hannover verlassen hatte, kamen wir ins Gespräch. Genau gesagt war es so, dass sie mich ansprach.

Sie war sehr freundlich und fing schon bald an, zu erzählen. Sie schien nicht besonders daran interessiert zu sein, viel von mir zu erfahren. Ihr ging es hauptsächlich darum, mir von ihr zu erzählen. So war unsere Unterhaltung mehr ein mehrstündiger Monolog als ein Zwiegespräch. Mir fiel lediglich die Rolle zu, hin und wieder eine vertiefende Frage zu stellen. Carola schien an diesem Abend einen Menschen zu brauchen, der ihr einfach nur zuhörte.

Heute gehe ich davon aus, dass so ziemlich alles was sie mir erzählte, gelogen war und dass die Lügerei wahrscheinlich schon mit ihrem ersten Satz anfing. Heute erscheint mir Carola als Ganzes eine Lüge zu sein. Heute verstehe ich auch nicht, warum ich das alles übersehen konnte.

Wie Sie später in meinem Bericht erfahren werden, hatte ich damals bereits einige Monate in einer Hotelbar gearbeitet. Hinter dem Tresen hatte ich gelernt, zuzuhören. Diese Fähigkeit kam mir jetzt sehr gelegen. Überhaupt war und bin ich eher ein etwas wortkarger Typ. Dafür höre ich aber gerne und sehr aufmerksam zu.

An diesem Abend passte mir das sehr. Ich hatte einen anstrengenden Tag hinter mir, und mir stand der Sinn nicht danach, viel zu reden. Stattdessen hörte ich mir Carolas Geschichte an. Schwer fiel mir das nicht. Schnell merkte ich, dass mich das Thema interessierte und sogar neugierig machte.

Ich schätzte Carolas Alter auf vielleicht 30 bis 35. Ich fragte sie aber nicht danach. Sie war insgesamt eine gutaussehende Frau, aber keine besonders auffällige Erscheinung. Sie trug einen knielangen, dunkelgrauen Rock, schwarze Seidenstrümpfe und ziemlich hohe Schuhe. Dazu trug sie einen lindgrünen Pulli mit weitem Brustausschnitt. Von ihrem Busen war einiges zu sehen. Sie war dezent geschminkt, trug aber für meinen Geschmack zu viel Rot auf den Lippen. Ihr dunkles, welliges Haar trug sie streng frisiert und nach hinten gekämmt.

Auf mich wirkte sie nicht besonders erotisch, sondern eher etwas ungeschickt gekleidet und auf die Schnelle zurechtgemacht.

Mir gefielen ihre Zähne überhaupt nicht. Sie hatte kein strahlend weißes und gerades Gebiss. Ihre Zähne waren sogar etwas schief und beim Sprechen und Lachen sah man nur wenig von ihnen.

Sie holte noch im Bahnhof einige Bücher aus einer Tasche und legte sie neben sich auf den freien Sitz. Ich warf nur einen kurzen, verstohlenen Blick auf diese Bücher, kannte aber keines von ihnen. Diese Bücher, mit ihren komplizierten Titeln, bestärkten mich in meiner Einschätzung.

Auf mich wirkte sie insgesamt sehr gebildet. Vielleicht war sie eine Professorin, Wissenschaftlerin oder eine Lehrerin.

Sie trug wenig Schmuck und keinen Ehering. Der wenige Schmuck, den sie trug, war nicht besonders wertvoll. Ich bin in dieser Hinsicht keine Spezialistin. Meine Kenntnisse reichen aber zumindest so weit, dass ich teuren Schmuck erkennen würde.

Carolas Schmuck war aus Silber gearbeitet. Es war Schmuck, wie man ihn bei fliegenden Händlern in Fußgängerzonen kaufen kann.

Um so mehr überrascht war ich dann, als mir Carola erzählte, dass sie Studentin und Mitte 20 sei. Ich ließ mir aber meine Verwunderung nicht ansehen, sondern fragte stattdessen, was sie studieren würde. Ihr Alter wunderte mich sehr. Konnte ich mich so geirrt haben?

Was ich beruflich machte, wollte sie nicht von mir wissen. Das war mir auch ganz recht so, denn eigentlich war ich gerade mal wieder arbeitslos.

Kimberley: »Was studieren Sie denn?«

Carola: » Theaterwissenschaften und Kulturmanagement in Berlin.«

Ich konnte mit beidem kaum etwas anfangen, darum fragte ich gleich weiter.

Carola lieferte mir eine kurze Beschreibung ihres Studiums, die mir aber auch nicht weiter half. Sie wirkte sehr gebildet und sprach in einer fast vornehmen Art und Weise. Sie benutzte viele Fremdwörter, deren Bedeutung ich nicht kannte. Ich wagte aber nicht zu fragen. Auch wenn sie auf mich sehr nett wirkte, drückte sie sich mir gegenüber doch etwas hochnäsig aus.

Ich fühlte mich dabei ein wenig mies und minderwertig. Ich strahlte längst nicht soviel Selbstbewusstsein aus wie sie. Ein Studium oder auch nur etwas Vergleichbares hatte ich nicht zu bieten. Überhaupt kann ich leider nicht mit einem hohen Bildungsniveau aufwarten. Ich hatte damals weder Abitur, noch eine abgeschlossene Berufsausbildung. Beides hat sich übrigens bis heute leider nicht geändert.

Da war es für mich fast schon tröstlich, dass ich mich selbst von meinem Aussehen als wesentlich attraktiver einschätzte als sie. Für meinen Geschmack war Carola zwar gutaussehend, aber eben nicht besonders hübsch. Im direkten Vergleich zu mir würde sie keinen Stich machen.

Ihre Klamotten waren ebenfalls nicht gerade der Renner. Auf mich wirkte die Auswahl wie »gewollt, aber nicht gekonnt.«

Ich hatte in der Hotelbar auf Usedom, in der ich während des Sommers gearbeitet hatte, einige Frauen aus Osteuropa kennengelernt, die als Escort-Damen gearbeitet hatten. Verglich ich Carola mit diesen Frauen, dann gehörte sie definitiv nicht in diese Liga. Die Osteuropäerinnen waren wesentlich attraktiver und vor allem geschmackvoller und teurer gekleidet.

Um so überraschter war ich, als Carola wenig später anfing, mir zu erzählen, was sie neben ihrem Studium machen würde, um Geld zu verdienen.

Carola: »Studieren ist sehr teuer. Von meinen Eltern habe ich keine Unterstützung zu erwarten und kellnern ist auch nicht mein Ding. Überhaupt sind für mich die meisten Jobs zu zeitintensiv oder zu anstrengend. Ich kann mir gar nicht vorstellen, acht Stunden in einer Kneipe hin und her zu laufen, und dann mit 100 Euro mitten in der Nacht nach Hause zu gehen. Dafür ist mir meine Zeit zu schade und die Bezahlung viel zu schlecht. Außerdem habe ich meine Ansprüche. Ich bewohne eine teure Penthousewohnung in Mitte und fahre ein schnelles Auto. Ich gebe viel Geld für teure Bücher aus und möchte auch sonst ein angemessenes Leben führen. Das alles möchte ich mir leisten können, ohne mir viele Gedanken über Geld machen zu müssen.«

»So würde ich auch gerne leben!«, dachte ich mir, ohne es auszusprechen. Dabei wäre ich in meiner damaligen Situation schon zufrieden gewesen, wenn ich den von ihr so gescholtenen Job in der Kneipe

gehabt hätte. 100 Euro für einen Abend Arbeit hätten mir schon weitergeholfen.
Jetzt war ich aber wirklich neugierig. Ich wollte wissen, wie Carola ihr traumhaftes Leben finanzierte. Wie kam sie als Studentin an ein entsprechendes Einkommen?

Damit rückte sie dann aber nicht sofort raus. Vielmehr erzählte sie weitere Details aus ihrem fantastischen Leben im Luxus und ihrem hochwissenschaftlichem Studium. Dann bot sie mir das »Du« an. Ich fühlte mich geehrt und nahm dieses Angebot sofort und freudig an.

Irgendwann war sie dann fertig mit den Erzählungen aus ihrem Leben. Oder ihr fiel einfach nichts mehr ein. Zumindest schwieg sie einen Moment und tat ernst und fast feierlich.

Carola schaute mich an und wechselte dabei die Sitzposition. Sie legte die Beine übereinander und strich ihren Rock gerade. Mit etwas Stolz in der Stimme sagte sie: »Um mir dieses Leben leisten zu können und genug Zeit für mein wissenschaftliches Studium zu haben, arbeite ich für einen sehr exclusiven Escort-Service.«

Ich musste schlucken und wusste nicht, was ich antworten sollte. Damit hatte ich überhaupt nicht gerechnet. Außerdem erstaunte mich, dass sie es so offen und ungefragt sagte.

Ich konnte das nicht verstehen. Wenn eine Frau für einen Escort-Service arbeitet, dann ist sie doch im Prinzip eine Hure. Ich hielt das schon damals für nichts Verwerfliches, aber eben auch nicht für etwas, mit dem man prahlen könnte.

Dass es sich dabei um einen »sehr exclusiven Escort-Service« handeln sollte, machte für mich die Dinge nicht besser. Sie war dann eben eine »Edelhure«.

Carola schien das alles ganz anders zu sehen. Sie wirkte stolz und selbstbewusst, so wie sie mir jetzt gegenüber saß und mich schweigend anschaute.

Ich wusste lange nicht, was ich erwidern sollte. So kam es zu einem langen Schweigen. Bevor es dann peinlich für mich wurde, angeschaut und angeschwiegen zu werden, stellte ich ihr einige Fragen.

Kimberley: »Wie bist Du denn an diesen Job geraten?«

Carola tat jetzt sehr wichtig. Sie schaute ernst und sprach mit gesetzter Stimme.

Carola: »Ich war auf der Suche nach einer Finanzierung für mein Studium. Da ich es aber nicht vernachlässigen wollte, konnte ich für einen Job nicht besonders viel Zeit aufbringen. Andererseits war ich durch mein Elternhaus an einen hohen Lebensstandard gewöhnt und wollte auch weiterhin so leben. Ich hatte auch keine Lust Betrunkene in einer Kneipe zu bedienen oder einen typischen Studenten-Job zu machen. Durch Zufall bin ich dann im Internet auf die Seite eines Escort-Service gestoßen, die mir sehr gut gefiel. Alles machte dort einen seriösen Eindruck. Das sah nicht aus wie eine billige Kaschemme. Dort erfuhr ich auch, dass dieser Escort-Service neues, weibliches Personal suchte, aber auch sehr hohe Ansprüche an das Äußere und die Bildung stellte. Ich habe dann dort angerufen und ein Bewerbungsgespräch mit dem Chef vereinbart.

Dieses Gespräch hat mich dann überzeugt und ich habe in diesem Gespräch den Chef der Agentur überzeugt.«

Kimberley: »Ich kann mir das gar nicht vorstellen. Wie lief dieses Gespräch denn ab?«

Carola: »Wir haben viel geredet. Es ging um Philosophie, klassische Musik und vor allem Literatur. Mein Chef wollte wissen, ob ich eine anspruchsvolle Gesprächspartnerin sei und ich zu reichen und sehr gebildeten Männern passen würde. Natürlich ging es dann auch noch um mein Äußeres und meine grundsätzliche Einstellung zu dem Job. Obwohl die Agentur in erster Linie Begleitungen für Geschäftsleute vermittelt, spielt nämlich auch Sex eine gewisse Rolle. Aber auch in diesem Punkt konnte ich ihn überzeugen und so bekam ich den Job.

Der Chef dieser Agentur ist übrigens ein promovierter Adliger. Er heißt Dr. Dr. h.c. Maximilian von ******.«

Ich möchte nicht wissen, wie sie ihren Chef damals überzeugte, und fragte sie auch nicht. Sie schaute nur ganz süffisant und ich dachte mir meinen Teil.

Kimberley: »Wie läuft Dein Job denn so ab?

Wieder nahm Carola einen ernsten Gesichtsausdruck an.

Carola: »Darüber kann ich Dir nicht so viel berichten. Unsere Kunden sind Führungskräfte aus der Wirtschaft oder Politik. Einige sind sogar aus dem TV bekannt. Diskretion spielt bei uns eine wichtige Rolle. Es gibt so etwas wie ein Schweigegebot. Alles, wirklich alles, wird von uns mit äußerster Diskretion behandelt. Wir wollen niemanden in eine Verlegenheit bringen. Schließlich sollen weder eifersüchtige Ehefrauen noch die Öffentlichkeit etwas davon erfahren. Ich spreche noch nicht einmal mit meinen Freundinnen über meine Kunden. Bei mir sind wirklich alle Geheimnisse sicher. Aber auch gegenüber meinen Kunden halte ich mich bedeckt. Ich gebe keine privaten Informationen preis. Kein einziger Kunde kennt meinen richtigen Namen. Niemand bekommt meine private Telefonnummer. Treffen finden niemals in meiner Wohnung statt und ich gebe auch meine Adresse nicht heraus, obwohl einzelne Männer mir dafür schon viel Geld geboten haben. Ich kommuniziere mit meinen Kunden ausschließlich über die Agentur. Für meinen Job habe ich mir zudem eine spezielle E-Mail-Adresse zugelegt. Meine Kunden wissen praktisch nichts über mich und das, was ich über sie weiß, ist bei mir bestens aufgehoben.«

Nachdem Carola nun mehrfach auf das bestehende Schweigegebot hingewiesen hatte, ging ich davon aus, dass sie nicht mehr über ihre Arbeit und ihre Kunden preisgeben würde. Ich wollte sie hierzu auch nicht weiter befragen. Tatsächlich verlief das Gespräch aber ganz anders. Jetzt legte sie nämlich erst richtig los und fing an, detailliert über ihre Arbeit und sogar über ihre Kunden zu berichten. Wie viel davon der Wahrheit entsprach und wie viel sie dazu gedichtet hat, kann ich nicht sagen. Ich hatte jedenfalls schon damals im Zug das Gefühl, dass ihre Fantasie immer mal wieder mit ihr durchging. Das habe ich mir aber nicht anmerken lassen. Stattdessen lauschte ich interessiert und geduldig.

Carola: »Ich nehme längst nicht jede Buchungsanfrage an. Ich bevorzuge einen ganz speziellen Typ von Mann. Meine Kunden sollten keine jungen Hüpfer sein, sondern gut situierte Herren zwischen Mitte 50 und Ende 60. Bitte nicht viel jünger und auch nicht älter. Ich bevorzuge gepflegte und gut gekleidete Herren. Sie sollten gebildet und erfolgreich sein.«

Sie beschrieb weiter den Typ Mann, den sie sich als Kunden vorstellen konnte. Er musste gut aussehen und reich sein. Dazu gut gebildet, höflich und humorvoll. Für mich klang das alles wie die Beschreibung eines Traummanns. Überhaupt war ich erstaunt, dass es ihr der Job ermöglichte, sich die Männer quasi auszusuchen. Bisher war ich davon ausgegangen, dass Prostituierte sich nehmen mussten, was ihnen über den Weg kam. Dass überhaupt eine Auswahlmöglichkeit für sie bestand, erstaunte mich sehr. Da ich misstrauisch geworden war, fragte ich sie: »Die Männer, die Du mir beschreibst, sind ja richtige Traummänner. So einen würde ich auch gerne mal kennenlernen. Ich glaube, dass so ein Mann doch wirklich fast jede Frau haben kann. Warum wendet sich ein solcher Traumtyp an eine Agentur? Warum geht er nicht einfach abends in einen Club oder beglückt seine Sekretärin.«

Carola: »Diese Männer suchen das ganz besondere Erlebnis. Dabei geht es nicht in erster Linie um Sex, sondern vielmehr um das gemeinsame Erleben eines prickelnden Abenteuers. Ich meine ein Essen in einem Sternelokal oder eine Opernpremiere. Das sind Dinge, die unternimmt man nicht mit einer Zufallsbekanntschaft oder einer einfachen Tippse. Bei diesen Männern sind die Ansprüche einfach höher. Hinzu kommt, dass sich meine Gäste in der Regel auf Geschäftsreise befinden, oder zumindest aus beruflichen Gründen nur für einige Tage in Berlin sind. Wohnen tun sie meistens ganz woanders. Ich werde außerhalb ihres privaten Umfeldes gebucht. Mit mir können sie dann ihre Wünsche und Träume in einer fremden Stadt ausleben und müssen nicht befürchten, dabei entdeckt zu werden. Ich helfe meinen Kunden, ihre Fantasien auszuleben. Ich bin ihre Gespielin. Manche Männer sind sogar richtig süß.«

Carola musste lachen. Dann folgten einige lustige Anekdoten über ihre Kunden. Dabei beschrieb sie mir immer den gleichen Typ Mann. Alle waren sie wohlhabend, spendabel und vor allem sehr respektvoll ihr gegenüber.

In erster Linie waren ihre Anekdoten aber lustig und wir hatten einiges zu lachen. Dabei nahm sie es mit der Diskretion nicht mehr so genau. Sie beschrieb mir ihre Kundschaft ziemlich genau. Sie kam dabei sogar auf Männer zu sprechen, von denen ich schon gehört hatte.

Carola: »Du kennst doch bestimmt den *********. Er hat auf ****** eine die Sendung ******, die in Berlin aufgezeichnet wird. Er ist dann jedes Mal für mehrere Tage in der Stadt und für einige Abende mein Kunde. Natürlich ist er viel zu bekannt, um sich mit mir in der Öffentlichkeit sehen zu lassen. Es soll ja schließlich nicht zu einem Skandal kommen. Darum treffen wir uns immer in der Suite seines Hotels.«

Ich kannte den Herren tatsächlich aus dem Nachmittagsprogramm. An dieser Stelle werde ich aber nicht weiter auf ihn eingehen. Seinen Namen werde ich hier nicht veröffentlichen.

Im Weiteren des Gesprächs stand dieser Herr im Zentrum ihrer Ausführungen. Sie berichtete lang und ausschweifend von ihren Erlebnissen mit ihm und zahlreiche Details aus seinem Privatleben. Dabei fragte ich sie noch nicht einmal aus. Ich konnte sie vielmehr überhaupt nicht bremsen.

Spätestens an dieser Stelle wunderte ich mich sehr über das von ihr so bedeutsam dargestellte Schweigegebot, dem sie unterlag. Zumindest an diesem Abend schien es nicht für sie zu gelten.

Wir kamen dann noch auf einige weitere Promis zu sprechen. Carola schien sie alle zu kennen und viele von ihnen schienen zu ihren Kunden zu gehören.

Heute frage ich mich, ob das wirklich alles so stimmte. Damals kam ich aus dem Staunen nicht heraus. Ich nahm ihr fast alles ab und in mir wuchs der Wunsch, ein bisschen wie Carola zu sein.

Ich kannte wirklich nicht einen einzigen Promi persönlich. Carola schien dagegen irgendwie sogar dazuzugehören.

Carola: »Es gibt aber auch Kunden, die von mir mehr wollen als eine

Begleitung für einen Abend. Es kommt immer wieder vor, dass sich Kunden in mich verlieben. Ich habe sogar schon Heiratsanträge bekommen. Ein Mann wollte wegen mir sogar seine Ehefrau und seine Familie verlassen. Überhaupt wollen viele Männer glauben, dass es mir um mehr geht und dass Sympathie oder sogar Liebe im Spiel sind.«

Kimberley: »Und? Ist bei dir manchmal auch Liebe im Spiel?«

Carola musste lachen.

Carola: »Nein! Das ist mein Geschäft. Mit Liebe, Freundschaft oder Sympathie hat das bei mir nichts zu tun. Ein Kunde gefällt mir, wenn er gepflegt, höflich und spendabel ist. Alles andere interessiert mich nicht.

Manchmal ist der Sex mit einem Kunden wirklich gut, da freue ich mich besonders, dass ich dafür sogar noch bezahlt werde.

In anderen Fällen sitze ich in der Oper im Parkett in der ersten Reihe und genieße die Musik. Dann fühle ich mich auch großartig.

Manchmal nimmt mich ein Kunde mit in sein Privatflugzeug und fliegt mit mir nach München oder Zürich. Das genieße ich dann ganz besonders.

Das alles hat aber mit Liebe nichts zu tun. Zumindest nicht auf meiner Seite.

Für einige Männer bin ich viel mehr als eine elegante Gespielin für einige Stunden am Abend. Bei einigen Geschäftsmännern bin ich die glamouröse Begleitung auf einem Ball und die Beraterin in wichtigen Fragen. Wieder andere Männer sehen in mir eine Therapeutin, bei der sie ihr Herz ausschütten können, oder sich ihre Probleme von der Seele reden. Das alles ist bei mir möglich. Bei mir dürfen Männer sich öffnen und ihre geheimen Wünsche und Fantasien aussprechen und ausleben. Mit mir geht fast alles.

Ganz nebenbei kann ich mich in meinem Job verwirklichen. Ich bewege mich in Welten, die den meisten anderen Menschen verschlossen sind. Dabei verdiene ich sogar noch ziemlich gut.«

Carola hielt für einen Moment inne und schaute mich erwartungsvoll an. Wir waren jetzt schon einige Zeit unterwegs und laut Fahrplan nur noch eine halbe Stunde von Berlin entfernt. Carolas stundenlange Erzählungen wurden für mich jetzt langsam ermüdend, während sie richtig aufgedreht war. Da es noch einige Dinge gab, die ich von ihr wissen wollte, fing ich jetzt an, Fragen zu stellen. Von ihren »Männergeschichten« wollte ich eigentlich nichts mehr hören.

Kimberley: »Das klingt ja alles fast wie in einem Märchen. Darf ich Dich fragen, wie viel Du verdienst.«

Carola: »Darüber rede ich natürlich auch nicht so gerne. Ich kann Dir aber die Eckdaten geben. Mit meinen Kunden rechne ich meistens stundenweise ab. Die Stundensätze werden von der Agentur vorab festgelegt. Sie liegen zwischen 100 und 200 Euro.

Ich erhalte das vereinbarte Honorar zum Beginn des Dates. Das läuft fast immer ganz unauffällig in einem weißen Briefumschlag. Gezahlt wird immer in bar und es gibt von mir natürlich keine Quittung.
Wenn ich den Briefumschlag entgegennehme, dann zähle ich das Geld nicht durch. Ich bedanke mich nur mit einem freundlichen Lächeln und stecke den Umschlag weg.

Im Verlauf der nächsten Viertelstunde gehe ich mich dann aber frisch machen. Auf Toilette überprüfe ich dann den Geldbetrag.

Das gesamte Geld ist nicht für mich bestimmt. Eine Vermittlungsgebühr geht an die Agentur.«

Kimberley: »Wie viel musst Du denn an die Agentur abführen?«

Carola: »Das darf ich Dir leider nicht sagen. Das ist streng geheim. Du kannst Dir aber gewiss sein, dass für mich mehr als genug übrig bleibt. Von manchen Kunden werde ich auch für eine ganze Nacht gebucht. Es sind sogar Buchungen für mehrere Tage möglich. Theoretisch sogar für Wochen.«

Kimberley: »Für Wochen?«

Carola: »Ja. Es gibt Männer, die eine attraktive und gebildete Begleitung für eine Geschäftsreise ins Ausland oder für den Urlaub suchen. So was ist bei uns auch möglich.«

Kimberley: »Das ist bestimmt teuer.«

Carola: »Geld spielt für viele meiner Kunden keine Rolle. Davon haben sie genug. So ist die Welt der Millionäre.«

Kimberley: »Es fällt schwer, mir das vorstellen zu können. Kostet es Dich nicht Überwindung, mit fremden Männern ins Bett zu gehen.«

Carola: »Wie gesagt, ich nehme längst nicht jedes Date an. Außerdem endet längst nicht jedes Date auch im Bett. Am Anfang hatte ich auch gedacht, dass es mir schwerfallen wird. Ich dachte, dass ich mich nach dem Sex mit einem Kunden irgendwie schmutzig fühlen würde. Die ersten Male habe ich mich auch nach jedem Date wie verrückt geduscht und gewaschen. Meine Einstellung hat sich aber geändert. Nach jedem Date dusche ich nach wie vor heiß, dann ist die Sache für mich aber auch erledigt. Frisch geduscht befinde ich mich wieder in der realen Welt. Dreckig gefühlt habe ich mich eigentlich noch nie. Trotzdem ist das natürlich kein Job wie jeder andere. Aber genau das, macht für mich das Besondere aus. Ich liebe das Außergewöhnliche.
Das ist für mich aber alles keine Dauerbeschäftigung. Ich mache das nur während des Studiums. Nach meinem Studium ist definitiv Schluss damit.

Für die Zeit nach meinem Studium habe ich ganz andere Pläne. Während meines Studiums kann ich mir mit dem Job aber gutes Geld verdienen. Ich arbeite nicht häufiger als zwei Abende in der Woche. So kommen für mich im Monat einige Tausend Euro zusammen und ermöglichen mir meinen teuren Lebensstil.«

Kimberley: »Ich möchte nicht unverschämt werden, aber was sagt Dein Freund dazu. Oder Dein Ehemann? Bist Du vielleicht verheiratet? Du hast doch aber sicher einen Freund?«

Carola: »Ich habe einen festen Freund. Mit ihm bin ich schon seit einigen Jahren zusammen. Er ist aber eingeweiht. Er hat damit keine Probleme. Es gibt ja schließlich Grenzen und er kann sich auf mich verlassen. Mein Freund ist Assistenzarzt. Im Moment verdient er damit auch nicht so viel. Da kommt uns mein Job sehr gelegen. Er ist auch der Einzige, dem ich alles erzähle. Du kannst mir glauben, dass wir dabei unseren Spaß haben. Aber irgendwann soll damit natürlich Schluss sein. Irgendwann werden wir eine Familie gründen. Und dann will ich schließlich nicht mehr für einen Escort-Service arbeiten.«

Kimberley: »Das klingt wirklich gut. Hast Du nicht manchmal aber doch das Gefühl, Deinen Körper zu verkaufen?«

Carola: »Ich verkaufe meinen Körper definitiv nie. Das ist eine völlig falsche Sichtweise. Ich biete eine ganz spezielle Dienstleistung an. Dabei geht es um viel mehr als nur um Sex. Männer können mich nicht kaufen. Ich vermiete ihnen lediglich meine Personality für ein paar Stunden oder eine Nacht. Das ist etwas ganz anderes. Damit habe ich auch kein Problem. Die meisten Männer suchen in mir viel mehr als nur ein Sexobjekt. Ein Sexobjekt könnten sie nämlich woanders wesentlich billiger bekommen.«

Damit war unser Gespräch beendet. Der Zug fuhr in den Berliner Hauptbahnhof ein.

Wir verabschiedeten uns herzlich auf dem Bahnsteig. Für Carola war die Reise hier zu Ende. Nach Hause wollte sie mit dem Taxi fahren.

Für mich ging es noch mit S-Bahn und Zug weiter nach Pasewalk.

Zum Abschied schenkte mir Carola noch eines der vielen Bücher aus ihrer Tasche.

Carola: »Ich schreibe Dir meine Handynummer vorne in das Buch. Wenn Du Interesse hast, auch richtig gutes Geld zu verdienen, dann rufe mich an. Ich denke, dass ich da etwas für Dich machen kann. Frauen wie Du können in unserer Agentur sehr viel Geld verdienen. Also melde Dich bei mir.«

Kimberley: »Ich weiß nicht. Ich habe kein Abitur und ich bin keine Studentin. Ich kann mir gar nicht vorstellen, in diesem Job bestehen zu können.«

Carola: »Für den Job brauchst Du kein Abitur und kein Studium. Alles dreht sich um Deine Personality. Was Du genau machst, das sagst Du Deinen Kunden eh nicht. Sie fragen zwar, aber eigentlich erwarten sie von Dir keine ehrliche Antwort. Such Dir einfach ein Studium aus. Am besten ist ein Studium, das ein hohes Ansehen genießt. Das hebt Deinen Preis. Alles andere ist dann nur noch Small Talk. Bei Deinem Aussehen gibt es da bestimmt keine Probleme. Du musst einfach nur den Mut haben.«

Dann wollte sie auch noch meine Handynummer haben und sogar meine Adresse. Eigentlich wollte ich ihr beides nicht geben. Ich tat es aber doch!

Es ist eine meiner großen Schwächen, dass ich nicht »Nein« sagen kann, wenn jemand von mir etwas erwartet oder haben will.

Damals fand ich ihr Angebot recht freundlich und fühlte mich sogar geehrt. Heute denke ich anders darüber. Vielleicht war sie sogar auf eine Art Kopfgeld aus, das sie für mich bekommen würde, wenn sie mich in ihren Bums schicken würde.

Im übervollen Regionalexpress nach Pasewalk las ich das Buch, das ich von ihr bekommen hatte.

Es handelte von einer jungen Frau, die für einen Escort-Service arbeitete. Diese Frau lobte ihren Job über alle Maße. Wie Carola schien sie im Geld zu schwimmen und von den Männern nur so mit teuren Geschenken überschüttet worden zu sein.

Heute würde ich so einen Mist gleich entsorgen. Damals verschlang ich jedes einzelne Wort und hatte dabei nur einen Wunsch: »So möchte ich auch leben!«

Alles was Carola mir erzählte, war gequirlte Scheiße. Das erkannte ich damals aber nicht. Ich glaubte an das Märchen vom großen Geld und einem selbstbestimmten Leben als Prostituierte. Damals war ich dumm, naiv und unerfahren.

Ruhe im Puff!

Als ich Carola damals kennenlernte, war ich noch keine zwanzig Jahre alt. Bis zu diesem Zeitpunkt hatte ich in meinem Leben noch nichts vernünftig auf die Reihe bekommen.

Carolas Geschichte und das Büchlein fielen daher bei mir auf fruchtbaren Boden. Alles hörte sich so gut und problemlos an.

Wie in Carolas Erzählung wurde in dem Buch das Leben einer jungen Frau, die für einen Escort-Service tätig war, in den schillernsten Farben erzählt.

Die Geschichte aus dem Buch spielte in London und die Hauptfigur trieb es sogar noch bunter als Carola. Auch sie verdiente Unmengen Geld und wurde von den natürlich stets gut aussehenden und reichen Kunden mit teuren Geschenken überhäuft.

Solche Geschichten sind bestens geeignet, naiven jungen Frauen Möglichkeiten vorzugaukeln, die es in der Realität gar nicht gibt.

Ich denke auch darüber nach, wie ich mich entwickelt hätte, wenn ich damals im Zug nicht Carola, sondern Alice Schwarzer getroffen hätte. Ich versuche auch, mir vorzustellen, wie mein Leben verlaufen wäre, wenn ich das Buch »Ruhe im Puff« und nicht diese »Londoner Pretty Woman« Fantasien gelesen hätte.

Frau Schwarzer hätte mir bestimmt andere Dinge zum Thema Prostitution erzählt. Das Buch von Matthias Braunmar hätte mir in seiner Offenheit und Schonungslosigkeit ein ganz anderes Bild von dem Leben einer Frau im Milieu gezeigt. Beides hätte zweifelsfrei abschreckend auf mich gewirkt.

Diese Gedanken sind aber rein hypothetisch. Meine Realität wurde eine andere.

Wie Sie bereits erfahren haben, war mein Start in die Welt der »käuflichen Liebe« längst nicht so glamourös, wie Carola ihn mir beschrieb. Überhaupt merkte ich schnell, dass sie ziemlich viel Schwachsinn erzählt hatte. Trotzdem war es ihr gelungen, mir den Job einer Prostituierten schmackhaft zu machen.

Ich möchte Carola trotzdem keine Schuld dafür geben, dass ich schon wenig später auf die schiefe Bahn geriet. Letztlich trage ich für alles, was geschehen sollte, die volle Verantwortung alleine.

Getroffen habe ich Carola übrigens dann nicht mehr. Wir haben aber viele Male miteinander telefoniert. Tatsächlich war sie es, die mich immer wieder anrief. Jedes Mal wollte sie mich dazu überreden, sich mit mir zu treffen und ein Gespräch mit dem Chef ihrer Escort-Agentur zu führen.

Sie schien sehr großes Interesse daran gehabt zu haben, mich dorthin zu vermitteln.

Wenige Monate später zog es mich dann auch wieder nach Berlin, um dort auf dem Strich anzufangen.

Dabei war aber nicht Carola meine Mentorin, sondern Melanie. Als ich mich damals entschloss nach Berlin zu gehen, war sie meine erste Anlaufstelle.

Mein erster Job war dann auch nicht bei einem Escort-Service und mein erster Kunde bezahlte auch nicht mit großen Scheinen.

Ruhe im Puff! Ein Zuhälter packt aus
Autor: Matthias Braunmar

Melanie

Es waren aber weder Carola noch Melanie, die mich auf den Strich gebracht haben. Hinter mir stand damals auch kein finsterer Zuhälter. Ich bin letztlich ins Milieu abgerutscht, weil ich für mich keine Perspektive sah. Außerdem träumte ich irgendwie davon, bequem und mit möglichst wenig Arbeit, die dicke Kohle zu machen. Entsprechend undurchdacht waren dann auch meine Vorstellungen und Träume von einer Zukunft.

Ich habe im Frühjahr 2009 meine »Heimat« Vorpommern quasi fluchtartig verlassen und bin ohne Plan und Geld in Berlin gelandet.

Nach meiner Ankunft in Berlin bin ich anfangs bei Melanie untergekommen. Melanie bewohnte eine winzige Einzimmerwohnung in der Potsdamer Straße. Von dort hatten wir es nicht weit zur Kurfürstenstraße, an der sich schon bald mein Arbeitsplatz befand.

Für eine Mitbewohnerin gab es in dieser Wohnung eigentlich keinen Platz. Trotzdem hatte mir Melanie sofort zugesagt, als ich sie fragte, ob ich bei ihr unterschlüpfen könnte. So hatte ich in Berlin ein Dach über dem Kopf und eine Meldeadresse, die ich fürs Jobcenter brauchte.

Ich schlief damals zusammen mit Melanie in einem Bett. Wir hatten keine Kohle für ein zweites Bett oder auch nur eine Matratze. Außerdem fehlte es dazu in der Wohnung an Platz.

Wir hatten damals kein Problem damit. Obwohl wir beide nicht lesbisch sind, schliefen wir nackt und meistens sogar ineinander verschlugen unter einer gemeinsamen Decke. Für Freier war die Wohnung natürlich tabu! Das war unsere Privatsphäre. Auch wenn die Wohnung sehr klein und ein echtes Loch war, fühlte ich mich dort trotzdem sehr wohl.

Kimberley: »Wenn ich mir nur vorstelle, wieder bei meiner Mutter im Haus leben zu müssen, dann fühle ich mich in dieser Wohnung wie in einem Luxushotel. Außerdem würde ich in Berlin lieber unter einer Brücke leben, als bei meiner Mutter und ihrem unterbelichteten Lover in diesem gammeligen Drecksdorf.«

Melanie: »Das verstehe ich gut. Trotzdem rate ich Dir dringend davon ab, in Berlin unter einer Brücke zu wohnen. Berlin ohne eigene Wohnung kann schnell zu einem Horrortrip werden. Ich weiß, wovon ich rede.«

Wie für mich hatte auch für sie ihre eigene Wohnung eine ganz besondere Bedeutung.

Melanie: »Für die meisten Menschen ist diese Wohnung wahrscheinlich nur ein kleines Drecksloch. Für mich ist sie mehr. Aber, um das verstehen zu können, muss man wahrscheinlich erst einige Zeit ohne Wohnung gelebt haben. Ich weiß, wie das ist. Als ich damals nach Berlin kam, befand ich mich nämlich in genau so einer Situation. Diese kleine Wohnung ist meine Burg.«

In der Wohnung gab es eine winzige Dusche, eine Kochgelegenheit und einen Kühlschrank. Das alles fand auf weniger als 20 Quadratmetern seinen Platz.

Dass ich mir alles mit Melanie teilen musste und es oft ziemlich eng wurde, störte mich überhaupt nicht. Mit Melanie in der Wohnung fühlte ich mich niemals einsam. Das war für mich damals in der noch fremden Stadt äußerst wichtig. Wenn Du in Berlin alleine bist, dann fühlst Du Dich schnell verlassen und verloren. Melanie ging es da nicht anders.

Obwohl wir ziemlich beengt wohnten, schauten wir uns auch in den folgenden Monaten nicht nach einer größeren Wohnung um. Uns gefiel es einfach. Erst viel später löste Melanie ihre Wohnung auf. Das geschah dann aber nicht ganz freiwillig.

Melanie war damals für mich ein echter Glücksgriff und eine verlässliche Freundin. Ohne sie hätte ich es in Berlin nicht geschafft. Sie war es auch, die mir den »Job« auf dem Straßenstrich besorgt hatte. Das war natürlich für mich kein Traumjob, aber eine erste Möglichkeit etwas Geld in die leere Kasse zu bekommen.

Dazu müssen Sie wissen, dass eine Frau sich nicht einfach so an die Straße stellen kann, um anschaffen zu gehen. Die einschlägigen Straßen befinden sich im »Besitz« organisierter Banden, die sich nichts von ihrem Kuchen nehmen lassen. Das war auf der Kurfürstenstraße nicht anders. Wenn Du also nicht bereits in den Fängen eines Zuhälters gelandet warst, dann brauchtest Du einen anderen Weg, um an einen lukrativen Standplatz zu kommen. Melanie kannte sich aus und sie brachte mich auch ziemlich gut unter.

Wenn ich die Sache heute mit etwas Abstand betrachte, weiß ich allerdings nicht, ob ich ihr dafür dankbar sein soll. Damals war ich es aber jedenfalls.

Melanie lebte bereits einige Monate in Berlin. Sie kam wie ich vom Land. Kennengelernt hatten wir uns vor ungefähr einem Jahr während einer beruflichen Maßnahme des Jobcenters.

Melanie wurde damals in diese Maßnahme gesteckt, weil sie ebenfalls die Schule ohne Abschluss verlassen hatte und wie ich von Hartz IV lebte. Damals kotzte sie das alles genauso an wie mich. Sie kam aus Neubrandenburg und hatte es damit sogar noch etwas besser getroffen als ich. NB ist zwar auch eine eher langweilige Stadt, aber um Welten besser als das Scheißkaff, in dem ich leben musste.

Das Jobcenter schickte uns beide damals in diese völlig sinnlose Maßnahme zur Berufsfindung, die uns beruflich überhaupt nicht weiterbrachte, sondern lediglich reine Schikane war.

Das fing schon damit an, dass das sogenannte Schulungszentrum mit dem Bus nur sehr schlecht erreichbar war. Melanies Anfahrt dauerte morgens fast zwei Stunden. Bei mir sah es auch nicht viel besser aus.

Was man dann im »Schulungszentrum« mit uns machte, grenzte fast schon an gelebten Schwachsinn.

Die »Ausbildungsinhalte« erweckten lediglich im aufwendig gestalteten Schulungsprogramm einen einigermaßen akzeptablen Eindruck auf dem Papier. Die Realität war eine völlig andere. Was wir dort täglich acht Stunden zu machen hatten, war für das Jobcenter verschwendetes Geld und für uns vergeudete Zeit. Das war weder Qualifikation noch Jobvorbereitung. Das alles war nur Abzocke!

Was wir den Tag über in diesem Mistladen zu machen hatten, grenzte schon an Frechheit. Das war schlechter als jede Beschäftigungstherapie in einer Klapsmühle.

Das fing schon mit unseren sogenannten »Dozenten« an. Das waren Typen, denen man sofort ansah, dass sie auf dem regulären Arbeitsmarkt überhaupt keine Chance hatten. Diese Witzfiguren stellten sich nun Tag für Tag vor uns und versuchten uns zu erklären, wie wir bei der Jobsuche erfolgreich sein könnten. Wenn das alles nicht so traurig gewesen wäre, dann hätten wir darüber nur laut lachen können.

Trotzdem mussten wir freundlich zu unseren »Dozenten« sein und durften sie in wirklich nichts kritisieren. Niemand wagte es, ihnen zu widersprechen. Ganz unverhohlen drohte man uns nämlich ständig mit Sanktionen durch das Jobcenter.

Den anderen Kursteilnehmern ging es übrigens nicht besser als Melanie und mir. Viele von denen hatten schon einige derartiger »Qualifizierungsmaßnahmen« hinter sich gebracht. Beruflich profitiert hatte bisher noch niemand von dem ganzen Mist.

Melanie und ich waren unter den Teilnehmern trotzdem Ausnahmeerscheinungen. Wir gehörten zu den wenigen Frauen. Dazu waren wir fast die jüngsten und mit weitem Abstand die hübschesten Frauen.

Dem entsprechend wurden wir behandelt. Praktisch alle Typen stellten uns irgendwie nach und versuchten, sich an uns heranzumachen. Dabei hatte von diesen Witzfiguren nicht einer eine echte Chance.

Melanie: »So verzweifelt kann ich gar nicht sein, dass ich mich auch auf nur einen dieser Trottel einlassen würde. Unter allen Männern gibt es hier nicht ein einziges akzeptables Exemplar.«

Wir haben uns damals schon gefragt, warum wir nicht einfach einmal die Hand aufgehalten haben, wenn mal wieder einer dieser Typen spitz wie Nachbars Lumpie war. Entsprechende Angebote erhielten wir beide mehr oder weniger offen.

Melanie: »Ficken lassen würde ich mich von keinem von denen. Aber für ein paar Euro hätte ich kein Problem einen Schwanz zu wichsen. Wenn ich es nicht tue, dann besorgen es sich die Typen doch selbst, mit einem Foto von mir in der linken Hand. Davon habe ich dann nichts. Der Typ spritzt ab und ich sehe keine Kohle.«

Mit dieser Einschätzung lag sie wahrscheinlich ziemlich richtig. Es war zumindest gar nicht zu übersehen, wie die meisten Männer aus der Maßnahme uns permanent anschmachteten. Wie viele Fotos sie dann mit ihren Handys von uns heimlich gemacht haben, kann ich nur erahnen.

Damals meinten wir das alles natürlich nicht ernst. Aber schon wenige Monate später machten wir aus der Idee ein »Geschäftskonzept«. Sex für Geld erschien uns als echte Möglichkeit.

Für uns beide stand damals fest, dass wir dieser verschissenen Gegend schnellstmöglich den Rücken zudrehen wollten. Wir träumten von einem Leben in Hamburg oder Berlin.

Es zeigte sich aber, dass es nicht so leicht war, unsere Pläne auch umzusetzen. Einerseits fehlte uns jegliches Geld, andererseits waren wir beide vollständig vom Jobcenter abhängig.

Wir redeten immer wieder aber auch über Möglichkeiten, mit Sex Geld zu verdienen. Auf dem flachen Land war das natürlich nicht möglich.

Während mir dann aber doch der Mut fehlte, machte Melanie Nägel mit Köpfen. Sie verließ Neubrandenburg und ging schon kurze Zeit später auf den Strich.

Zuerst arbeitete sie in einem Etagenbordell in Güstrow. Dann ging es für sie in ein Laufhaus nach Kiel und schließlich nach Berlin. Sie hatte Waldemar kennengelernt. Er war es dann auch, der ihr den Platz an der Kreuzung Potsdamer Straße verschafft hat. Dabei war er weder ihr Zuhälter noch jemals ihr Lover. Das alles war für ihn nur ein Geschäft und Melanie war nicht die einzige Frau, der er Schutz beim Anschaffen bot. Waldemar war aber zu allen Frauen äußerst fair.

Als ich dann nach Berlin kam, freute sich Melanie sehr. Wir waren Freundinnen und wir hatten viel Spaß miteinander. Sogar bei der Arbeit ging es mit ihr oft lustig zu. Außerdem stützten wir uns gegenseitig.

Ich denke, dass es alleine weder Melanie noch ich lange in Berlin ausgehalten hätten.

Titten statt Abi

Natürlich war es von mir ein großer Fehler gewesen, die Schule in der elften Klasse zu verlassen. Ich stand jetzt ohne einen vernünftigen Schulabschluss und ohne Berufsausbildung in Berlin. Schnell wurde mir klar, dass diese Stadt nicht gerade auf mich gewartet hatte. Geschenkt bekommen würde ich hier nichts.

Ohne Schulabschluss und ohne Ausbildung stand ich ziemlich beschissen da. Hinzu kam, dass ich mich damals nicht besonders clever anstellte. Ich informierte mich überhaupt nicht über die Möglichkeiten, die es für mich gab. Ich war einfach nur faul und so gut wie an nichts interessiert. Ich wollte einfach nur viel Geld verdienen, ohne mich besonders anstrengen zu müssen.

Melanies beruflicher Werdegang der letzten Monate war auch keine Erfolgsgeschichte. Sie hatte eine ganze Menge geackert und viel Stress gehabt, ohne dass sich das alles sonderlich gelohnt hätte. Finanziell stand sie nicht viel besser da als ich. Erst seit Kurzem schien sich das Geschäft für sie zu lohnen. Durch Waldemar hatte sie eine lukrative Möglichkeit erhalten, anschaffen zu gehen.

Bevor ich mich dann aber neben sie an die Straße stellte, machte ich das, was ich zu Hause gelernt hatte. Ich ging zum zuständigen Jobcenter. Zumindest damit kannte ich mich aus.

Wenn auch meine verlotterte Mutter und ihre ekligen Lover in ihrem Leben wirklich nichts auf die Reihe bekommen hatten, wussten sie doch immer, wie man möglichst viel Kohle vom Amt bekam. Bei der vielen Zeit, die die beiden damit verbrachten, sich mit dem Amt rumzuschlagen, habe ich mich manchmal gefragt, warum sie nicht gleich arbeiten gingen.

Das Ausfüllen von Anträgen, das Einlegen von Widersprüchen und sogar das Klagen vor dem Sozialgericht waren aber eigentlich das Einzige, was sie beherrschten. Da die beiden zudem noch ständig damit prahlten, wie sie die Ämter abzockten, war ich einigermaßen gut beschlagen. Ich wusste, wie ich beim Jobcenter vorgehen musste. Das sollte mir jetzt sehr hilfreich sein.

In dieser Beziehung war ich Melanie echt überlegen. Sie hatte ständig mit dem Amt Probleme. Sie musste laufend bei ihrem Fallmanager vorsprechen, wurde bereits mehrfach mit Sanktionen belegt und hatte sich sogar bereits eine Strafanzeige eingefangen.

Dass sie sich so derart dumm anstellte, war verwunderlich. Wie ich, kam auch Melanie aus einer »Familie«, in der das Hartzen zum Leben dazugehörte. Wie ich ist sie damit aufgewachsen.

Für mich war dann der Besuch beim Jobcenter eine problemlose und recht kurze Angelegenheit.

Ich hatte alle Unterlagen dabei, den Antrag bereits vorab vollständig ausgefüllt, und bei der Erstellung meiner Wiedereingliederungsvereinbarung (EGV) zeigte ich mich kooperativ und bemüht.

Ich konnte meinen Umzug nach Berlin auch gut damit erklären, dass ich nur gekommen sei, weil ich ein konkretes Jobangebot gehabt hätte. Dieser Job hätte sich zwar kurzfristig zerschlagen, aber ich gab vor, bereits wieder ein neues Angebot zu haben. Ich behauptete, schon bald wieder in Lohn und Brot zu stehen. Dabei dachte ich überhaupt nicht daran, auf meine Stütze zu verzichten. Wenn ich arbeiten gehen würde, dann nur schwarz und ohne dem Jobcenter etwas davon zu sagen. Heute würde ich mich nicht mehr so verhalten. Damals war das alles für mich selbstverständlich. Ich hätte nie freiwillig auf mein ALG II verzichtet.

Probleme gab es bei der Übernahme der Wohnungsmiete und der Nebenkosten, weil ich bei Melanie zur Untermiete lebte und auch dort polizeilich gemeldet war.

Da es sich dabei nur um eine Einraumwohnung handelte, wurde der Sachbearbeiter skeptisch. Hinzu kam, dass die Kosten für diese Wohnung bereits für Melanie vom Amt übernommen wurden.

Ich erklärte, dass ich auf der Suche nach einer eigenen, billigen Wohnmöglichkeit sei und ich nur vorübergehend bei Melanie untergekommen sei.

Dieser Punkt war für Melanie und mich besonders wichtig, da wir unter keinen Umständen als Bedarfsgemeinschaft betrachtet werden wollten. Das hätte nämlich eine Kürzung des Regelsatzes zur Folge gehabt.

Was die Miete für die Wohnung betraf, so erhielt ich den Betrag aus dem »Untermietvertrag«, während die Zahlung an Melanie entsprechend gekürzt wurde.

Nach dem Besuch beim Amt vergingen dann auch keine zwei Wochen und ich bekam meinen Bescheid sowie meine erste Überweisung aufs Konto. Damit war mein Lebensunterhalt gesichert, ohne dass ich mich sonderlich anstrengen musste. Dass der Lebensunterhalt gesichert war, bedeutete aber nicht, dass ich große Sprünge machen konnte. Da ich außerdem nicht mit Geld umgehen konnte, war ich bereits vor der Mitte eines Monats fast pleite.

Da ging es Melanie schon wesentlich besser, zumindest wenn man die rein finanzielle Seite betrachtete. Sie erhielt wie ich die Kohle vom Amt, ging aber außerdem sporadisch anschaffen.

So wie sie darüber sprach und wie ich es beobachten konnte, ging das Anschaffen weitestgehend problemlos über die Bühne und brachte ihr gutes Geld. Anders als ich war sie zumindest meistens flüssig.

Zu der Zeit dachte ich ernsthaft darüber nach, selbst anschaffen zu gehen.

Dass ich wenig später auf den Strich ging, war also wirklich meine eigene Entscheidung. Ich wurde von niemandem überredet oder gezwungen. Selbst Melanie versuchte nicht, mich zu überreden. Mit ihrem Gerede machte sie den Job allerdings für mich attraktiv. Trotzdem brauchte es dann noch einige Zeit, bis ich selbst an der Kurfürstenstraße auf die Jagd nach Freiern ging.

Damals erschien mir diese Möglichkeit als einziger Weg, meine finanziellen Probleme in den Griff zu bekommen. Ich hatte kein Abi, dafür aber hübsche Titten, eine gute Figur und ein nettes Gesicht. Vor allem war ich aber total geldgeil und unbeschreiblich faul!

Darum sprach ich Melanie auch direkt darauf an und ließ mir von ihr die Einzelheiten dieses Jobs erklären.

Mein Kiez

Melanies damalige Wohnung befand sich in dem Block zwischen der Bissigzeile und der Grünanlage »Am Karlsbad«. Die Ecke war und ist so etwas wie ein sozialer Brennpunkt im Berliner Bezirk Schöneberg. Dabei sind es nur wenige hundert Meter bis zum glamourösen Potsdamer Platz.

Vom Küchenfenster aus hatte ich einen Blick auf die Grünanlage, die in den Abendstunden ein gut besuchter Treff für Dealer und Junkies war. Blutige Spritzen waren auf den Wegen und sogar auf dem kleinen Spielplatz in der Anlage nichts Außergewöhnliches.

Der Straßenstrich blühte damals an verschiedenen Straßenzügen im Kiez. Das Zentrum war die Kurfürstenstraße. Hier standen die Nutten dicht gedrängt, in abwechselnder Besetzung, rund um die Uhr.

Um zur Kurfürstenstraße zu gelangen, musste man nur ein paar hundert Meter die Potsdamer Straße hinaufgehen. Ausläufer des Straßenstrichs begannen schon wenige Meter vor meiner Haustür.

Für die Polizei schien der Landwehrkanal die »rote Linie« zu sein. Bis zum Kanal wurden Prostitution und Drogenhandel geduldet. Jenseits des Kanals war damit Schluss. Dort standen weder Dealer noch Nutten.

Es schien fast so, als ob man die Szene im Wohngebiet halten wollte. Die unmittelbare Umgebung der Neuen Nationalgalerie und der Philharmonie sollte frei vom Elend der Szene bleiben. Man wollte den gut gekleideten Besuchern wahrscheinlich das kulturelle Vergnügen nicht verderben. Das alles hat sich bis heute kaum verändert.

Die ganze Gegend war damals schon ziemlich heruntergekommen. Anders als heute befand sich die Szene aber noch nicht fest in den Händen von bulgarischen und rumänischen Zuhälterbanden.

Damals gab es noch ein ziemlich buntes Gemisch an Frauen, die sich im Kiez anboten. Viele von ihnen arbeiteten sogar ohne Zuhälter, andere Frauen arbeiteten nur für ihren nächsten Schuss. Es gab sogar so etwas wie Hobbyhuren und in die Jahre gekommene Hausfrauen, die sich hier ihr Haushaltsgeld aufbesserten. Aber schon damals zeigte sich, dass aus Südosteuropa eine Invasion von Nutten, Luden und Schlägern drohte. Schon damals machten sie sich im gesamten Kiez breit und erweckten nicht den Eindruck, als ob sie nur vorübergehend hier ihre Geschäfte machen wollten. Trotzdem war aber noch längst nicht alles aus den Fugen geraten. Es gab ein echtes Nebeneinander unter den Huren und sogar ein friedliches Zusammenleben mit den Bewohnern.

Die Zeiten sind heute aber längst vorbei. Heute ist dort jeder Quadratmeter fest in der Hand von Zuhältern und mit deren Frauen zugestellt. Heute nimmt niemand mehr auf den anderen Rücksicht.

Damals beobachtete ich, dass sich der Strich ständig ausdehnte und in die Seitenstraßen hineinfraß. Bis hin zur Bülowstraße boten sich die Frauen an. Gebremst wurde die Ausbreitung nur durch sporadische Polizeiaktionen. Aber selbst diese Aktionen erzielten keine nachhaltige Wirkung.

Zum Ficken gingen die Frauen dann in eine der zahlreichen Etagenpensionen, die ihre Zimmer für 10 Euro pro halbe Stunde an die Freier vermieteten. Da sich viele dieser Pensionen in der Pohlstraße oder am unteren Ende der Kurfürstenstraße befanden, war das damals wirklich »der Fick der kurzen Wege«.

Natürlich arbeiteten viele der Frauen auch in den Autos ihrer Freier. Dafür gab es feste Plätze, die unauffällig von Zuhältern und Aufpassern observiert wurden. Diese Plätze waren aber auch Spannern bestens bekannt. Sogar am Tag konnte ich von unserem Wohnungsfenster häufig Männer mit dem Schwanz in der Hand beobachten.

Im Kiez spielten sich aber nicht nur Prostitution und Drogenhandel ab. Hier war die Kriminalität gut spürbar und im Alltag der Menschen präsent. Es kam immer wieder zu Schlägereien zwischen rivalisierenden Banden, die teilweise ganz offen ausgetragen wurden.

Nachts hörte ich durch das offene Fenster häufig die Sirenen eines Rettungswagens oder den Lärm einer Alarmanlage, wenn mal wieder ein Auto aufgebrochen worden war.

Über den Tag war es kein größeres Problem, sich in dieser Gegend aufzuhalten. Mit dem Einbruch der Dunkelheit änderte sich das schlagartig. Gerade als Frau war das hier dann ein heißes Pflaster. Männer hielten mich für eine Nutte und Dealer boten mir laufend ihren Dreck an. Nur von der Polizei war weit und breit nichts zu sehen.

Trotzdem störte mich das alles nur in den ersten Tagen. Sehr schnell gewöhnte ich mich an diese Umgebung. Mir ging es so, wie den anderen Bewohnern des Kiezes. Zwischen blasenden Huren hinter einem Busch und blutverschmierten Einwegspritzen im Sandkasten schien sich das ganz normale Leben der Menschen abzuspielen.

Das alles war die Gegend, die damals für mehrere Monate mein Zuhause sein sollte. Ich kann sogar von mir behaupten, dass ich mich dort ziemlich wohl fühlte.

Arbeitsplatz Kurfürstenstraße

Als ich damals auf dem Strich in der Kurfürstenstraße landete, wusste ich noch nicht einmal annähernd, was mich dort erwartete. Das, was Melanie mir erzählt hatte, klang insgesamt nicht beunruhigend und sogar ungefährlich.

Außerdem stand für mich damals fest, dass ich den Job nur vorübergehend machen würde. Für mich war das anfangs sogar ein kleines Abenteuer.

Wie ich Ihnen zum Beginn des Buches bereits berichtet habe, hatte ich einen ganz guten Start ins Geschäft. Die ersten Tage und Wochen erwies sich das Arbeiten auf der Kurfürstenstraße als unkompliziert und lukrativ. Wildfremde Schwänze zu blasen wurde schon bald etwas ganz Normales für mich. Die ersten Wochen erlebte ich auch die Schattenseiten des Jobs noch nicht. Ich fühlte mich wohl, weil ich immer genug Kohle hatte und der Job mir nur wenig Mühe bereitete.

Schnell lernte ich auch einige der anderen Frauen kennen, die dort arbeiteten. Das Verhältnis zu den anderen Frauen war aber immer kompliziert. Gegenseitig misstraute man sich und es kam fast täglich zu Streitereien unter den Prostituierten. Aus diesen Geschichten wollten Melanie und ich uns tunlichst heraushalten. Wir taten also wirklich alles, um Streit aus dem Weg zu gehen.

Dazu war es besonders wichtig, sich an die räumlichen Vorgaben zu halten, die hier galten. An den Straßen rund um den Straßenstrich stand nämlich keine einzige Frau zufällig oder willkürlich. Jeder einzelne Platz war festgelegt. Für uns Frauen war das gesamte Areal mit Demarkationslinien durchzogen.

Diese Linien waren nicht auf den Asphalt gemalt. Trotzdem hielten sich alle Frauen an diese räumlichen Vorgaben, weil sie wussten, was ihnen sonst gedroht hätte.

Unser Platz befand sich unmittelbar an der Kreuzung zur Potsdamer Straße. Aber selbst dieses Gebiet konnten wir nicht nutzen, wie es uns passte. Rund um den Sexshop gab es eine Bannmeile. Der direkte Eingangsbereich war für uns tabu. Wir durften auch nicht zu weit in die sich kreuzenden Straßen gehen und uns dort hinstellen, ohne auf massiven Widerstand zu stoßen.

Andererseits hatten wir das Problem, dass wir uns gegen »eindringende« Frauen kaum wehren konnten. Anders als bei den rumänischen oder bulgarischen Frauen standen hinter uns keine gewaltbereiten Zuhälterbanden, die bereit waren, Territorien zu erkämpfen und zu verteidigen. Wir hatten dem Ansturm der Balkanhuren nichts entgegenzusetzen.

Dass wir es überhaupt schafften, an unserer Ecke einigermaßen unbehelligt zu arbeiten, hatte verschiedene Gründe.

Da war Waldemar, der uns »beschützte« und darauf achtete, dass wir nicht von den anderen Frauen gänzlich verdrängt wurden. Waldemar sicherte sich so einen lukrativen Zusatzverdienst. Außerdem wollte er die Frauen vom Balkan nicht direkt vor der Tür haben.

Waldemar: »Dass es hier wild zugeht, ist nichts Neues. Unsere Wichskabinen sind heiß begehrt. Wir hatten hier früher ständig Ärger mit den drogenabhängigen Prostituierten. Dabei taten mir die armen Dinger wirklich leid. Wir konnten es aber trotzdem nicht zulassen, dass sie unsere Kabinen nutzten. Die meisten von ihnen waren unzuverlässig und hielten sich nicht an die getroffenen Absprachen. Als einige von ihnen dann auch noch anfingen, sich bei uns ihre Schüsse zu setzen, war bei uns Schluss. Ich schmeiße jede Frau von denen raus, die versucht bei uns ins Geschäft zu kommen. Ich habe wirklich keinen Bock, hier irgendwann einmal eine Drogentote aus einer Kabine zu zerren. Das geht überhaupt nicht. Die Neuen vom Balkan haben bei mir aber auch nichts verloren. Die meisten von denen sind frech und dreckig. Noch schlimmer sind die Luden, die hinter denen stehen. Die Frauen belästigen unsere Kundschaft regelrecht und folgen ihnen unaufgefordert bis ins Geschäft. So was ist nicht gut. Außerdem erwische ich die immer wieder bei der Arbeit in den Kabinen, ohne dass Geld eingeworfen wurde. Da werde ich dann wirklich sauer. Ich hab schon mal ein Pärchen aus der Kabine geholt und am Schlafittchen auf die Straße gesetzt. Der Typ hatte noch seine Hosen heruntergelassen und die Rumänin ihr T-Shirt in der Hand. Da war das Gezeter groß. Andererseits hatten wir alle etwas zu lachen.«

Waldemar und seine Kollegen sorgten rund um die Uhr für geordnete Verhältnisse in diesem Bereich des Straßenstrichs. Das taten sie aber nicht aus reiner Nächstenliebe.

Die Türsteher des Shops handelten im Auftrag einer Investorengruppe, die es auf das Gebäude abgesehen hatte, in dem sich der Sexshop befand. Mit diesem riesigen Gebäude hatte man große Pläne. Dort sollte ein großes Laufhaus entstehen. In diesem Laufhaus sollte dann der »Sex der sauberen Sorte« vermarktet werden. Damals verhandelten die Investoren gerade mit dem Bezirk und den Behörden. Kriminalität und unhygienische Zustände passten ihnen daher nicht ins Konzept.

Sie können darüber denken, wie Sie wollen, aber Tatsache ist, dass durch diese Maßnahmen der beschriebene Bereich einigermaßen sicher war. Vielleicht wäre es wirklich keine schlechte Idee, den gesamten Kiez zum Sperrgebiet zu machen und ein modernes Laufhaus zu genehmigen.

Es lag aber nicht nur an Waldemar und seinen Kollegen, dass wir weitestgehend in Ruhe arbeiten konnten. Ein weiterer Grund war die Tatsache, dass wir nur am Tag gearbeitet haben. Unsere Arbeitszeit begann in der Regel gegen Mittag und endete am frühen Abend. Wir waren also weg, bevor das eigentliche Geschäft anlief. Das wirklich große Geschäft auf dem Strich wurde nämlich erst nach 20:00 Uhr gemacht. Da wir uns mit den eher unbeliebten Randzeiten zufriedengaben, stellten wir keine ernst zu nehmende Konkurrenz für die anderen Frauen dar.

Auch wenn die Begleitumstände für uns insgesamt eher unproblematisch waren, muss ich mich heute doch sehr über meine damalige Naivität wundern. Trotz aller Sicherheitsmaßnahmen, die wir ergriffen, war unser Job reichlich gefährlich.

Es war dann auch so, dass ich schon im zweiten Monat meiner Tätigkeit mit den Schattenseiten des Gewerbes im Allgemeinen und der Kurfürstenstraße im Speziellen in Berührung kam.

Das fing schon mit dem Wetter an. Da ich mich sehr schnell an das viele Geld gewöhnt hatte und es fast noch schneller ausgab, als ich es verdienen konnte, war ich wieder ständig pleite. Anders als in den ersten Wochen, konnte ich es mir nicht mehr leisten, Schichten ausfallen zu lassen. Ich musste buchstäblich bei jedem Wetter raus.

Schlechtes Wetter auf dem Straßenstrich ist aber eine echte Katastrophe.

Das klingt für Sie wahrscheinlich etwas banal, angesichts der Gefahren, die dort sonst drohten. Wir Frauen hatten aber mit Regen und Kälte ziemlich zu kämpfen. Das Wetter spielt auf dem Straßenstrich eine größere Rolle, als Außenstehende es vermuten.

Ein endlos langer Quickie

Bei strahlendem Sonnenschein gab die Kurfürstenstraße tagsüber ein beinahe nettes Bild ab. Attraktive Frauen in kurzen Röcken und auf hohen Schuhen säumten die Gasse beidseitig.

Es herrschte eine scheinbar ausgelassene Stimmung und selbst die Frauen wirkten nicht wie »Zwangsprostituierte« wenn sie schnatternd und lachend beieinander standen.

Das ist natürlich nur eine sehr oberflächliche Betrachtung. Tatsächlich zeigte der Straßenstrich aber an solchen Tagen sein angenehmstes Gesicht.

Tagsüber sah man auch das Elend der Drogenabhängigen längst nicht so offensichtlich wie in den Nächten.

Mir erschien es damals so, als ob der strahlende Sonnenschein all das Elend, die Gewalt und den Dreck der Straße überdecken würde. Ihr wahres Gesicht, als härtester und unmenschlichster Straßenstrich Berlins, zeigte sich erst nach Sonnenuntergang.

Aber nicht nur in den Nächten wirkte der Straßenstrich brutal, bedrohlich und gefährlich. Bereits bei leichtem Nieselregen gab die Kurfürstenstraße ein erbärmliches Bild ab.

Die Frauen standen dann unter ihren Regenschirmen oder dicht an den Häuserwänden, um sich möglichst vor der Nässe zu schützen. Man sah ihnen dann den ganzen Frust und den Druck, unter dem sie standen, deutlich an. Bei Nässe und Kälte war es viel schwerer, sich Freier zu angeln. Einerseits musste man sich Schutz vor Nässe und Kälte suchen, andererseits musste man für potenzielle Freier gut sichtbar sein. Das interessierte die Zuhälter aber nicht. Jede einzelne Frau wusste, was ihr drohte, wenn die Kasse nicht stimmte. Auf dem Strich gibt es kein »Schlechtwettergeld«. Die Luden achteten mit großem Nachdruck darauf, dass selbst bei Regen und Donner die Kasse stimmte. Da mussten die Frauen halt etwas mehr Einsatz und Fantasie zeigen.

Dann konnten aus zehn Stunden auf dem Strich leicht auch mal 14 oder mehr Stunden werden. Gerade für die Frauen aus Bulgarien war erst Feierabend, wenn das Soll erreicht war.

In solchen Situationen ließen sie sich dann auch mal ohne Gummi ficken.

Für mich persönlich war die Situation nicht ganz so schlimm. Ich hatte keinen gierigen Luden im Nacken. Trotzdem hasste ich den Regen und die Kälte.

An solchen Tagen wünschte ich mir immer einen Freier, der mich für mehrere Stunden buchen würde und mit dem ich in ein Hotel fahren könnte. Leider war das aber nur ein Wunschtraum.

Die Realität war, dass ich nur ganz selten einmal mit einem Freier in eine der verlausten Pensionen ging. Mein Geschäft spielte sich hauptsächlich in den Wichskabinen oder in einem Auto ab.

Bei Regen und Kälte war es aber sogar in den Wichskabinen unangenehm. Es war kalt und nass, weil jede der Frauen reichlich Regen mit in die Kabine schleppte.

An diesem Tag war es mal wieder genau so. Die Temperaturen waren nur knapp im zweistelligen Bereich und der Himmel hing voll mit Wolken, die sich immer mal wieder abregneten.

Melanie und ich hatten uns lange überlegt, ob wir überhaupt arbeiten sollten. Schlussendlich hatten wir uns aber doch dazu durchgerungen, einige Stunden anschaffen zu gehen.

Ich stand jetzt hier schon länger als eine Stunde und noch war mir kein Mann ins Netz gegangen. Immer wieder regnete es und es gab praktisch keine Laufkundschaft.

Ich war schon völlig durchgefroren und wollte bereits für diesen Tag aufgeben, als doch noch ein Wagen hielt.

Es handelte sich dabei um einen Kleinwagen. Über das geöffnete Beifahrerfenster führte ich das Verkaufsgespräch.

Kimberley: »Na, willst Du mich bumsen?«

Am Steuer saß ein schmächtiger Herr mittleren Alters. Er trug eine Brille mit sehr dicken Gläsern. Er hatte ein freundliches Gesicht und trug einen Anzug in gedecktem Grau.

Das war genau der Typ Mann, mit dem ich wirklich gut klarkam und der mir wenig Probleme bereitete. Außerdem spürte ich die Wärme, die mir aus dem Inneren des Fahrzeuges entgegenkam. Das passte alles ziemlich gut. Den Typen wollte ich mir nicht durch die Lappen gehen lassen.

Er erkundigte sich dann schüchtern nach dem Preis.

Kimberley: »Im Auto mache ich es Dir für 30 Euro. Dafür blase ich ihn Dir nach allen Regeln der Kunst.«

Das schien ihm zu reichen. Er beugte sich herüber und öffnete mir die Beifahrertür. Dabei nickte er mir zu.

Endlich! Hastig stieg ich in den Wagen, nachdem ich meinen Regenschirm zusammengeklappt und Melanie ein Zeichen gegeben hatte.

Kimberley: »Ich heiße Kimberley.«

Fahrer: »Ich heiße Michael. Wohin soll ich fahren?«

Kimberley: »Biege links ab und dann nachher rechts.«

Michael fuhr an, und obwohl die Ampel schon auf Rot gesprungen war, fuhr er auf die Kreuzung und bog links ab. Dabei trat er richtig auf die Tube und verursachte beinahe einen Verkehrsunfall. In dem Stil ging die Fahrt dann auch weiter. Michael fuhr wie ein Verrückter und ich war froh, als wir endlich angekommen waren.

Während der Fahrt sagte ich ihm lediglich, wohin er fahren sollte und als wir dann endlich standen, kommentierte ich seinen Fahrstil ebenfalls nicht. Michael gab mir dann die 30 Euro. Ich bedankte mich freundlich und verstaute das Geld.

Sehe ich einmal von seinem Fahrstil ab, dann waren die Minuten in dem Wagen für mich recht angenehm gewesen. Das Auto war sauber und roch gut. Außerdem war es warm und es gab sogar eine Sitzheizung, die Micha auf meinen Wunsch hin voll aufgedreht hatte. Ich spürte dann eine sehr angenehme Hitze an meinem Arsch und zwischen meinen Beinen.

Während Micha dann seinen Fahrersitz in die Liegeposition brachte und seine Hose öffnete, zog ich meine Jacke und mein Top aus. Den Rock und meinen BH behielt ich an. Ich rückte aber meinen Rock ein Stück nach oben, damit er mir zwischen meine Beine gucken konnte.

Zuerst wichste ich ihm seinen Schwanz mit der Hand. Das Ding war klein und verschrumpelt. Ich musste schon eine ganze Weile wichsen, bevor er genug Standfähigkeit hatte, um das Kondom übergezogen zu bekommen. Als es dann endlich soweit war, beugte ich mich weit über ihn und nahm seinen sorgfältig verpackten Schwanz in den Mund.

Ich gab mir richtig Mühe und saugte kraftvoll und zügig. Trotzdem war mir aber sofort klar, dass es mit Micha etwas dauern würde. »Der würde mir nicht in den Mund spritzen.« Ich merkte sogar, wie sein Schwanz bereits wieder an Kraft und Stehvermögen verlor.

Solche Situationen kenne ich schon und selbstverständlich weiß ich, was zu tun ist. Da war mit meinem Mund nichts mehr zu machen. Ich musste mit meiner rechten Hand arbeiten. Vor dem Abspritzen wollte ich ihn dann aber noch für einen kurzen Moment in den Mund nehmen.

Das sah Micha wohl genau so. Zumindest beschwerte er sich nicht, als ich seinen Schwanz aus dem Mund nahm und mit der Hand weitermachte.

Ich gab mir dann auch weiterhin Mühe. Mit der rechten Hand wichste ich seinen Schwanz, während ich mich mit meiner linken Hand um seinen schrumpeligen Sack kümmerte. Das lief schon viel besser als in meinem Mund. Vor allem hatte ich jetzt auch die Möglichkeit, mit ihm zu reden und seine Fantasie weiter anzuregen.

Kimberley: »Zeig es mir! Ich will, dass er ganz groß und stark wird.«

Darauf fuhr Micha richtig ab. Ich spürte sofort, dass ich den richtigen

Knopf gedrückt hatte, und legte noch kräftig nach.

Kimberley:» Fick mich! Spritz ab!«

Dirty Talk ist mein Ding und etwas, womit ich beim Arbeiten wirklich gute Erfahrungen gemacht hatte. Einen Schwanz zu wichsen und dabei ein bisschen etwas zu erzählen, ist leicht verdientes Geld. In jedem Fall ist es einfacher, als hart gefickt zu werden.

Micha fühlte sich zwar wohl, hatte aber immer noch Ladehemmungen. Mir tat zwischenzeitlich sogar schon die rechte Hand weh. Ich brauchte eine kurze Pause.

Ich schaute Micha ein wenig mitleidsvoll an.

Kimberley: »Ich habe gleich einen Tennisarm. Willst Du mal?«

Ich ließ seinen Schwanz los und streichelte ihm über seine Oberschenkel. Micha nickte und packte dann richtig zu. Gekonnt und schnell wichste er seinen Schwanz.

Ich schaute ihn dabei an und ließ meine Zunge über meine Lippen gleiten. Dazu fuhr ich ihm mit aufgestellten Fingerkuppen über seine Schenkel.

Kimberley: »Komm! Spritz ab!«

Micha mühte sich reichlich und schaute mich dabei intensiv an. In seinem Kopf fickte er mich wahrscheinlich gerade hart durch. In seinem Kopf war sein Schwanz wahrscheinlich auch doppelt so groß, hart und sehr stark.

In jedem Fall aber lief jetzt alles in die richtige Richtung. Ich hatte jetzt wirklich nicht mehr viel zu tun. Es vergingen noch einige Minuten und dann war es endlich geschafft. Micha stöhnte und dann traten einige kleine Tropfen Sperma aus seinem Schwanz heraus. Von Abspritzen konnte man beim besten Willen hier nicht sprechen.

Mit einigen Taschentüchern aus meiner Handtasche machte ich Michas Schwanz noch sauber und entsorgte das Gummi.

Micha zog seine Hose an und brachte seinen Sitz wieder in eine aufrechte Position. Da passierte etwas, was ich bei Freiern wirklich hasste:

Micha fing an, zu erzählen. Er erzählte von seinem Job und seinen Kollegen. Dann erzählte er von seiner Mutter und dass er ein großer Fußballfan sei. Sein Gerede wollte kein Ende mehr nehmen. Ich war schon total genervt und schaute ihn auch nicht mehr freundlich an. Entschlossen unterbrach ich ihn dann in seinem Redefluss.

Kimberley: »Ich muss jetzt wirklich los. Wenn Du es mit mir einmal ganz gemütlich haben willst, dann komm einfach wieder und bring mehr Geld mit. Dann fahren wir zusammen in eine Pension und können uns in aller Ruhe unterhalten. Hier ist jetzt aber Schluss.«

Micha schaute mich etwas erstaunt an. Meine Botschaft war aber angekommen. Er ließ den Wagen an und fuhr auf die Straße.

Der Quickie hatte sich doch ziemlich in die Länge gezogen. Für 30 Euro war das trotz allem kein gutes Geschäft für mich gewesen. Mehr als eine halbe Stunde hatte ich geblasen, gerubbelt, geredet und mir vor allem sein Geschwätz anhören müssen. In einem Gewerbe, in dem Zeit Geld ist, konnte ich mir so was eigentlich nicht leisten.

Da es immer noch regnete und ich wirklich für diesen Tag keinen Bock mehr hatte, sagte ich zu Micha: »Du brauchst mich nicht mehr zurückzufahren. Ich steige an der nächsten Ampel aus.«

Micha schaute mich an und sagte: »Ich dachte, dass wir uns noch ein bisschen unterhalten könnten. Ich dachte, dass ich Dir sympathisch wäre. Mir macht es wirklich nichts aus, dass Du auf den Strich gehst. Ich würde gerne mit Dir noch einen Kaffee trinken gehen. Ich habe keine Vorurteile.«

Ich wusste nicht, was ich sagen sollte. Jetzt machte mich dieser impotente Gnom richtig sauer. Ich riss die Tür auf und sagte noch: »Das lassen wir mal lieber. Und tschüss!«

Ich war dann froh, als ich aus dem Auto war. Jetzt brauchte ich eine heiße Dusche zum Aufwärmen meines Körpers und einen Wodka zum Abkühlen meiner Wut auf diesen Zwerg.

Was hatte der sich bloß eingebildet? Hat er wirklich gedacht, dass er mir sympathisch gewesen wäre? Ich konnte soviel Doofheit gar nicht fassen.

Ich hatte es nicht mehr weit bis zur Wohnung und rief noch kurz Melanie an, die auch keinen Bock mehr hatte. Später erzählte ich ihr dann die Geschichte. Ich war dann auch nicht mehr wütend, sondern konnte herzhaft über Micha lachen. Kleiner Wichser!

Ein Stammkunde

Micha war mir nicht sonderlich sympathisch gewesen. Andererseits war er als Freier ein problemloser Fall und irgendwie auch einfach nur ein armes Schwein. Eigentlich konnte ich mich nicht beschweren. Was mich bei ihm so gestört hatte, war der Versuch, mit mir ein seriöses Gespräch zu führen und Verständnis für meine Lage zu heucheln. Das stand ihm nicht zu. Immerhin hatte er es sich gerade von mir für kleines Geld besorgen lassen. Trotzdem waren Typen wie Micha nicht sonderlich belastend für mich.

Es gab weitaus schlimmere Finger, von denen ich Ihnen auch noch einige vorstellen werde.

Es gab aber auch Männer, die mir sympathisch waren. Ich habe mich zwar nie in einen Freier verliebt und den Sex auch nicht genossen, trotzdem gab es aber Männer, mit denen ich wenig Arbeit und sogar etwas Spaß hatte. Einige meiner Stammfreier gehörten in diese Kategorie.

Wie Melanie hatte auch ich schnell einige Männer, die regelmäßig zu mir kamen und zu denen ich ein fast persönliches Verhältnis herstellte. Das hatte mit Freundschaft aber nichts zu tun. Es handelte sich einfach um Männer, mit denen ich geschäftlich bestens klarkam.

Die meisten meiner Stammfreier waren »Normalos«. Das waren Männer, wie sie jeder von uns aus der Nachbarschaft, aus dem Supermarkt oder aus der Verwandtschaft kennt. Dass diese Männer sich regelmäßig mal eine Frau »kauften«, sah man ihnen wirklich nicht an.

Einer meiner Stammfreier nannte sich Thorsten. Er war Mitte 30 und Familienvater. Er arbeitete in einer Firma als kleiner oder mittlerer Angestellter. Wie die meisten meiner Freier war er glücklich verheiratet und eigentlich auch der Typ Mann, der bei Frauen ganz gut ankam.

Selbstverständlich hat er mir das alles nicht erzählt. Ich habe das alles vielmehr aus seinem Auto geschlossen. Autos erzählen soviel über ihre Besitzer. Auf dem Strich habe ich schnell gelernt, die Sprache der Autos zu verstehen.

An dem Kennzeichen seines Wagens konnte ich sehen, dass er zu den vielen Berufspendlern gehörte. Wahrscheinlich wohnte er in einer Neubausiedlung außerhalb Berlins und arbeitete in der City. So wie die Rücksitzbank in dem Auto aussah, saßen dort häufig Kinder. Wahrscheinlich brachte er mit dem Auto morgens seine Kinder in die Schule oder in die Kita.

Thorsten trug, wenn er zu mir kam, stets einen Anzug, ein sauberes Hemd, sowie eine Krawatte. Das alles stand ihm gut, war aber billiges Zeug. Das waren Klamotten, die ein Mann trug, wenn er im Bürgeramt, an der Kasse in einer Bank oder als Sozialversicherungsfachangestellter arbeitete. Thorsten war kein Chef, sondern ein pflichtbewusstes, aber kleines Licht in seiner Firma.

Seine Ehe schien zu funktionieren. Zumindest brachte er seiner Frau öfters Blumen mit von der Arbeit nach Hause. Aber selbst bei den Schnittblumen achtete er auf den Preis. Die Sträuße, die ich ab und zu in seinem Wagen liegen sah, kamen aus einem Discountmarkt. Wahrscheinlich kaufte er immer einmal einen Strauß, wenn es ein preisreduziertes Angebot gab.

Auch bei mir war Thorsten nicht gerade jemand, der mit dem Geld um sich warf oder auch nur mit seinem Reichtum prahlte. Er kaufte sich bei mir jeweils einen Blowjob und verlangte von mir eine entsprechende Leistung. Thorsten zahlte 40 Euro, also mehr als mein Standardprogramm mit Zunge und Lippen eigentlich kostete. Dafür erwartete er von mir auch ein echtes Verwöhnprogramm.

Thorsten liebte es, wenn ich mich richtig um ihn kümmerte. Dabei wollte er mich nicht ficken. Es ging ihm wirklich nur um sexuelle Entspannung, das Abenteuer, es sich im Auto besorgen zu lassen, und natürlich in meinem Mund abzuspritzen.

Wahrscheinlich wollte er genau das, was er zu Hause von seiner braven Ehefrau nicht geboten bekam.

Thorsten wollte von mir auch keinen Dirty Talk. Ihm reichten vulgäre Blicke und mein nuttiges Gehabe. Er schien gerade auf dieses Billige und Nuttige abzufahren.

Er redete nicht viel, war aber stets freundlich, rücksichtsvoll und sogar zuvorkommend. Manchmal brauchte er es aber auch, mich verbal ein wenig sexistisch einzudecken. Aber selbst dabei wahrte er einen gewissen Anstand und sogar Stil.

Thorsten: »Du bist mir schon ein echtes Luder. Du bist eine richtig geile Schnitte. Mit Dir würde ich gerne mal eine ganze Nacht verbringen. Ich würde es Dir von vorne und hinten besorgen. Du kannst Dir sicher sein, dass Du auf Deine Kosten kommen würdest.«

Kimberley: »Dann mache es doch einfach. Ich buche uns ein nettes Hotel und mache Dir auch einen sehr guten Preis.«

Thorsten hat mich noch nicht einmal nach dem Preis gefragt, sondern nur gelächelt. Mich hätte an einer Nacht mit ihm auch wirklich nur die Kohle interessiert.

Aber Thorsten war kein Mann für eine Nacht. Für ihn war nach 20

Minuten mit mir im Auto Schluss. Thorsten wollte auch nicht ficken und ohne Kondom kam für ihn sogar das Blasen nicht in Betracht. Er wollte wirklich nur einen von mir geblasen bekommen.

Wahrscheinlich hatte er dann nicht das Gefühl, seine Ehefrau zu betrügen. Außerdem war Thorsten definitiv nicht der Mann, der mit großen Scheinen um sich warf. Für den Sex auf dem Straßenstrich wollte er nicht wirklich viel Geld ausgeben. Das durfte für ihn nicht mehr kosten, als ein paar Bier mit Kollegen in einer Sportbar.

Thorsten war aber nicht nur ein angenehmer Freier, mir gefiel auch seine Art. Ich fand es in Ordnung, dass er auf dem Strich nicht nach Frauen suchte, die er ohne Gummi ficken konnte. So wie er sich verhielt, brachte er seine Ehe nicht in Gefahr und setzte seine Ehefrau auch keiner Gefahr aus. Seine Frau war wahrscheinlich brav und sittsam. Da brauchte er einfach manchmal seinen Schwanz im knallroten Mund einer Hure.

Wahrscheinlich war das besser als jede Ehetherapie.

Ich fand es auch gut, dass er mit dem Geld nicht so um sich warf, obwohl ich ihn gerne mal so richtig abkassiert hätte. Thorsten war aber nicht der Typ, der seine Familie um das Haushaltsgeld betrog. Für mich waren nur die kleinen Scheine gedacht. Thorsten war nicht so ein Mann, der einer Hure die Hunderter zusteckte und dann kein Geld mehr hatte, um die Klassenfahrt seines Sohnes zu bezahlen.

Auch das fand ich hoch anständig. Ich fand Thorstens Verhalten auch in keinerlei Hinsicht bedenklich.

Thorsten war für mich stets ein guter Kunde und ein angenehmer Freier. Ich war aber froh, dass es auch Männer gab, die mit ihrem Geld nicht so knauserten und die zum Beginn eines Monats die Scheine nur so raushauten. Das war dann gut für uns Huren und die Zuhälter. Das war aber auch schlecht für Ehefrauen und Kinder. Wenn sie mit ihrem Geld dann auch noch Bulgarinnen bezahlten, die sie ohne Gummi ficken konnten, dann finde ich das nicht nur moralisch verwerflich, sondern auch ekelhaft und widerlich. Wobei mir hier nicht nur die Huren leid taten, die sich ohne Gummi ficken ließen. Auch die »betrogenen« Ehefrauen taten mir leid, denn schließlich schleppten die Männer den ganzen Siff mit in die Ehebetten.

Bargeld fickt!

Der Straßenstrich an der Kurfürstenstraße war praktisch rund um die Uhr, an sieben Tagen in der Woche, geöffnet. Täglich verschafften sich hier Hunderte von Freiern ihre Befriedigung und ließen ihre Euro bei den Frauen.

Praktisch der gesamte Zahlungsablauf verlief in bar und selbstverständlich schwarz. Das war in meinem eigenen Fall nicht anders. Ich verdiente damals, nach Abzug meiner Kosten, zwischen 2.200 und 3.100 Euro in einem Monat. Davon habe ich nicht einen Cent versteuert. Ich habe vielmehr sogar während der gesamten Zeit ALG II erhalten. Einschließlich der Kosten für die Wohnung waren das Monat für Monat ungefähr 600 Euro. Insgesamt lebte ich also ziemlich gut.

Auf dem Strich habe ich außerdem auch noch ziemlich viel Kohle vom Amt eingesammelt. Viele meiner Freier waren nämlich ebenfalls ALG II Empfänger. Darum war auch der letzte Werktag eines jeden Monats bei uns auf der Kurfürstenstraße Großkampftag. Das ist nämlich der Tag, an dem die Stütze auf dem Konto gutgeschrieben wird. Bei einigen Männern führte der erste Weg vom Geldautomaten an diesem Tag direkt in eine der Wichskabinen, um sich einen blasen zu lassen.

Ich bin nicht stolz, dass ich damals so gehandelt habe. Ich habe betrogen und Steuern hinterzogen. Ich würde heute so was nicht mehr machen. Das verspreche ich Ihnen!

Im Vergleich mit dem, was ansonsten an der Kurfürstenstraße abging, war ich aber ein ganz kleiner Fisch.

Auch wenn bei mir ziemlich viel Geld zusammenkam, war das nur ein Schiss, im Vergleich zu den Summen, die während einer einzigen Nacht von den Zuhälterbanden eingesammelt wurden.

Ich möchte jetzt mit Ihnen die Spur dieses Geldes kurz nachzeichnen. Als Erstes möchte ich klären, wo das Geld herkam.

Angeschleppt wurde das Geld zumeist in kleinen Scheinen zwischen 5 und 50 Euro von dem Heer der Freier. Woher das Geld stammt, kann ich natürlich nicht sagen. Darüber kann ich nur Vermutungen anstellen.

Wenn man sich die Autos näher anschaute, die hier die Frauen einluden, dann kann man allerdings Rückschlüsse ziehen.

Da waren die Familienkutschen, die oft sogar noch einen Kindersitz im Fond hatten. Hier handelte es sich wohl um brave Ehemänner, die das Geld für die Huren vom Haushaltsgeld abzwackten. Mit Thorsten habe ich Ihnen einen dieser braven Ehemänner bereits vorgestellt. Thorsten war kein Einzelfall. Brave Ehemänner waren sogar eine wichtige Kundengruppe.

Dann gab es Fußgänger, bei denen man annehmen konnte, dass sie sich die Frauen hier gar nicht leisten konnten. Trotzdem gaben sie den Huren ihr weniges Geld, anstatt es für den Lebensunterhalt zu verwenden. Wenn dann einer kleinen Bulgarin vor dem Ficken in der Wichskabine 20 oder 30 Euro zugesteckt wurden, dann wurde wahrscheinlich die Familie des Stechers in der folgenden Woche von der Tafel versorgt. Oder der Dauerauftrag bei der Bank für die Miete der Wohnung platzte. Das kannte ich selbst von meinen »Eltern«.

Viele der Freier waren aber auch junge Kerle, für die der Fick auf dem Straßenstrich einfach zu ihrem Lifestyle gehörte, wie ein Clubbesuch oder auch Gras für 20 Euro.

Nicht selten traf man auch Touristen aus aller Herren Länder, die es schätzten, sich hier eine Frau für eine halbe Stunde problemlos kaufen zu können. Dank unserer geschätzten Politiker, genießt Deutschland schon längst unter den Sextouristen aus ganz Europa einen ausgezeichneten Ruf. So tief sind wir bereits gesunken. Vielen Dank auch ihr geschätzten Roten und Grünen.

Eher selten waren dagegen Männer, denen man ihren Wohlstand ansehen konnte. Diese Klasse von Männern schien sich lieber etwas hochpreisiger in Edelbordellen und mit Callgirls zu vergnügen. Wenn man also mal einen richtig teuren Wagen nachts die Kurfürstenstraße langsam herunterfahren sah, dann saßen darin meistens keine Freier, sondern Zuhälter, die mal nach dem Rechten sehen wollten.

Meine Aufzählung von Freiertypen ist nicht abschließend. Ich denke aber, dass ich die wichtigsten Gruppen erfasst und beschrieben habe.

Übrigens fand ich, dass die Freier, die am Tag kamen, sich nicht wesentlich von denen unterschieden, die sich nachts an der Kurfürstenstraße rumtrieben. Das ist aber lediglich mein subjektiver Eindruck. Wie bereits beschrieben, habe ich selbst nachts nie an der Kurfürstenstraße gearbeitet. Für mich war das einfach zu gefährlich.

Von Frauen, die nachts arbeiteten, wurde mir erzählt, dass die Freier nach Mitternacht schwieriger waren, als die am frühen Abend. Andere Frauen wiederum empfanden das gerade nicht.

Es fällt mir also schwer, hier eine abschließende Beurteilung vorzunehmen.

Was ich aber mit Sicherheit sagen kann, ist, dass erst am späten Abend und in der Nacht auf dem Straßenstrich das richtig große Geld gemacht wurde. Einiges habe ich davon mitbekommen, ohne dass ich selbst nachts anschaffen gewesen wäre. Nachts herrschten in unserem Kiez ganz andere Regeln und da konnte es für einen unbedachten oder gutgläubigen Freier auch mal richtig gefährlich oder teuer werden.

Nachts vergnügte sich hier die Unterwelt und da wurden für eine Party auch mal mehrere Frauen und einige Gramm Kokain im Paket gekauft.

Nachts waren die Straßen im Kiez ein Marktplatz für die Schattenwelt. Hier wurde mit Rauschgift und Frauen gehandelt, hier wurde Geld gewaschen und kofferweise weggeschafft. Hier herrschte die freie Marktwirtschaft der Banden aus vielen Ländern Europas. Was sie einte, war die Liebe zur Gemeinschaftswährung, die die Geldwäsche so bequem machte und zum Schnee, der nicht nur verkauft, sondern auch gerne selbst konsumiert wurde.

Blasen für kleines Geld

Selbst wenn Du wirklich gut aussiehst und super sexy aufgebrezelt bist, dann ist das noch längst keine Garantie, dass Du nach ein paar Stunden auf dem Strich mit gut gefüllten Taschen nach Hause gehen kannst.

Auf dem Strich herrschen harte Konkurrenz und unerbittlicher Wettbewerb. Gekämpft wird wirklich um jeden Freier und um jeden Euro. Gerade junge Frauen, die von ihren Luden permanent unter Druck gesetzt werden, kämpfen fast bis zur Verzweiflung darum, die Freier ins Auto oder mit aufs Zimmer zu bekommen.

Ich habe »Zielvereinbarungen« zwischen Luden und Huren öfters beobachten können. Gerade bei den Banden aus Südosteuropa spielte sich das in aller Öffentlichkeit ab. Damit wollte man nicht nur die betreffende Frau gefügig machen, sondern auch den anderen Frauen zeigen, was ihnen selbst jederzeit blühen konnte.

Meistens nahmen sogar mehrere Luden eine einzige Frau in die Mangel. Sie nahmen sie zur Seite und ließen sich dann an ihr aus. Während die Frau dann weinte und die Luden sie beschimpften, kassierte sie Ohrfeigen, Schläge oder wurde geschubst. Natürlich achteten die Luden darauf, keine sichtbaren »Schäden« an ihrer »Ware« zu hinterlassen. Im direkten Anschluss an diese Personalgespräche wurden die Frauen nämlich wieder hoch motiviert und verführerisch lächelnd in den Kampf um die Freier geschickt. Verdienstausfall konnten sich die Zuhälter nicht leisten.

Den Luden schienen diese Geschichten sogar noch Spaß zu machen. Manchmal hatte ich den Eindruck, dass sie in ihrer eigenen Langeweile nur nach einem Anlass suchten, um sich gemeinsam an einer Frau auszulassen.

In der Öffentlichkeit ausgetragen wurden aber nur die kleineren Geschichten. Meistens ging es um den Umsatz oder sonstiges Fehlverhalten der Frauen.

Was sich dann noch unter Ausschluss der Öffentlichkeit abspielte, hatte in seiner Brutalität und Menschenverachtung noch ganz andere Dimensionen. Strafrechtlich geahndet wurde von alledem so gut wie nichts. Das alles spielte sich in einem Kartell des Schweigens ab. Aber auch zwischen den Frauen auf dem Strich gab es keinerlei Solidarität.
Was sich bei uns Tag für Tag abgespielt hat, kann man nicht mehr als Zickenkrieg bezeichnen. Zwischen vielen der Frauen, vor allem wenn sie aus unterschiedlichen ethnischen Gruppen stammten, herrschte Neid, Zwietracht und Missgunst. Auf dem Strich gibt es keine Freundschaft. Hier

kämpft jeder gegen jeden und jeder nur für sich!

Ich befand mich jetzt selbst auf diesem Schlachtfeld und war überrascht, wie wenig es mir ausmachte. Ich passte mich viel schneller an, als es mir heute lieb ist. Auch ich ließ mir die Butter nicht vom Brot nehmen. Für mich zählte jeder Freier!

Wenn es um Freier ging, dann hatte ich schon längst keine Berührungsängste mehr. Einem wildfremden Mann einen zu blasen, war schon nach nur wenigen Tagen eine Selbstverständlichkeit für mich. Unangenehm war es eigentlich nur, wenn er stank oder der Mann irgendwie dreckig war. Das kam natürlich vor. Ich habe aber selbst bei heiklen Fällen grundsätzlich keinen Rückzieher gemacht, sondern die Nummer durchgezogen.

War ein Mann gut gekleidet und frisch geduscht, dann war das Blasen für mich überhaupt kein Problem. Das war für mich wirklich leicht verdientes Geld.

Dazu kam, dass diese Typen meistens auch noch freundlich und zuvorkommend waren.

Leider waren diese Männer aber nicht die Regel. Meistens hatten es meine Freier nicht so mit dem Duschen. Auch sonst waren viele von ihnen Männer, bei denen es jede Frau etwas Überwindung kostete, ihnen einen zu blasen oder sich von ihnen ficken zu lassen.

Zusammengefasst kann ich sagen, dass ich damals zwar viel Geld verdient hatte, man aber auf keinen Fall von leicht verdientem Geld reden kann. Jeder Euro verlangte von mir vollen Einsatz. Ich musste ständig auf der Hut sein und ging trotzdem an jedem Tag ein großes Risiko ein. Ich musste mich immer wieder selbst überwinden, und lernen, Ekel zu ignorieren.

Die Zeit auf dem Straßenstrich ermöglichte mir ein ganz gutes Leben. Ich bin aber dabei nicht reich geworden. Es gelang mir noch nicht einmal etwas von dem zusammengefickten Geld auf die hohe Kante zu legen, obwohl ich mir genau das fest vorgenommen hatte.

Berücksichtigt man also, dass ich einige Hundert Schwänze im Mund hatte und dutzende Male hart durchgefickt wurde, dann kann man mich nicht gerade als Gewinnerin bezeichnen. Der Straßenstrich ist definitiv kein Ort für eine Frau, um reich zu werden.

Richtig gutes Geld machen eigentlich nur die Zuhälter und da auch nur die Köpfe der Banden.

Nix ficken, nix Kohle!

Wenn Du auf dem Strich echte Kohle machen möchtest, dann musst Du Dich ficken lassen. Über kurz oder lang kommst Du daran einfach nicht vorbei. Diese schlichte Weisheit war mir schnell klar. Obwohl ich wirklich lange damit fremdelte, wusste ich doch, dass ich daran nicht vorbei kam.

Die Vorstellung, mich ficken zu lassen, war für mich wesentlich schwieriger zu akzeptieren, als einen Schwanz in den Mund zu stecken.

Mir ging mit dieser Einstellung aber einfach zu viel Geschäft verloren.

Außerdem schien ich mit dieser Haltung wirklich die einzige Frau auf dem Straßenstrich zu sein.

Für Melanie war das überhaupt kein Thema.

Melanie: »Auf den Strich gehen und sich dann nicht ficken lassen? Wie soll das denn gehen? Nur wenn Du Dich ficken lässt, kannst Du richtig Geld verdienen. Mit Lecken und Rubbeln wirst Du hier nix. So bekommst Du höchstens Plattfüße. Außerdem, was ist schon dabei? Du ziehst ihm einfach einen Gummi über den Schwanz und achtest darauf, dass er ordentlich sitzt. Dann lass ihn auf Dich rauf. Er stöhnt und rammelt ein wenig. Die Sache ist schneller vorbei, als Du denkst.«

Noch kürzer und einprägsamer drückte sich Olga aus. Olga war eine flüchtige Bekannte vom Straßenstrich. Sie kam aus Russland, war über 50 Jahre alt und hatte schon mehr als 30 Jahre Erfahrung in dem Gewerbe hinter sich. Für Olga interessierte sich schon längst kein Zuhälter mehr und auch die anderen Frauen sahen in ihr keine Konkurrenz. Olga stand an manchen Tagen stundenlang an der Straße und war schon zufrieden, wenn sie es auf einen Freier brachte. Dass Olga so ziemlich alles tun würde, um einen Freier zu ergattern, war mir klar. Zum Thema ficken hatte sie eine klare und knappe Meinung: »Du nix ficken? Du nix Kohle!«

So kam es, dass ich schließlich mein Dienstleistungsangebot erweiterte und mich auch ficken ließ. Bedenkt man, dass ein Blowjob bei uns zwischen 20 und 40 Euro kostete, war das Ficken im Verhältnis dazu eigentlich viel zu billig.

Gefickt wurde nämlich bereits für 40 Euro, und nur wenn einige Extras dazu kamen, wurde es teurer. Für Extras bezahlen wollte auf dem Straßenstrich aber praktisch kein einziger Freier. Zumindest galt das für das Geschäft, das am Tag lief. Nachts war das alles etwas anders. Nachts mussten die Freier für Extras bezahlen, ob sie es nun wollten oder nicht.

Ich ging die Sache mit dem Ficken ruhig und vorsichtig an. Ich war einfach viel zu unsicher. Es dauerte dann auch noch ein Weilchen, bis es dann endlich zu meinem ersten »Ja, ich will« kam.

Mein erster Stecher wollte es in der Wichskabine mit mir treiben. Das war definitiv kein guter Anfang. In der Pension zu ficken, konnte ich mir noch ganz gut vorstellen. Das Auto wäre auch kein Problem gewesen. Aber eine echte Nummer in der Wichskabine erschien mir schwierig.

Sie können sich wahrscheinlich vorstellen, mit welcher Akrobatik ein Fick in der Wichskabine verbunden war. Das war alles andere als leicht und beim ersten Mal stellte ich mich ziemlich dumm und ungeschickt an. Meinem Freier gefiel es trotzdem und er nahm mich von hinten mit großem Vergnügen und spritzte auch schnell in mir ab. Trotzdem machte mir meine erste Nummer ziemlich zu schaffen.

Da war Melanie wesentlich schmerzfreier. Während ich anfangs noch wählerisch war, ließ sie sich wirklich von jedem ficken, der es wollte und vorab bezahlte. Bei ihr spielte es auch keine Rolle, wohin der Freier mit ihr wollte. Sie ließ sich in der Kabine bumsen und natürlich im Auto und der Pension.

Noch irrer trieben es einige von den Bulgarinnen, die sich schon damals wegen ihrer aufdringlichen Art einen wirklich schlechten Ruf verschafft hatten. Im Stehen ließen sie sich von den Freiern auch im Park oder an den Seiten des großen Parkplatzes ficken. Sogar in Hauseingängen trieben sie es.

Das war nichts für mich. Im Freien lief bei mir gar nichts. Draußen hätte ich einem Freier noch nicht einmal einen runtergeholt.

Aber auch das Ficken wurde bei mir nicht zur Normalität. Ich konnte es mir aber einfach nicht mehr leisten, darauf gänzlich zu verzichten.

Rein statistisch betrachtet hätte ich jedem zweiten Freier einen Fick verkaufen können. Das tat ich aber längst nicht. Ich war und blieb sogar wählerisch und jeder Fick blieb für mich eine Überwindung. Ich fühlte mich meistens hinterher einfach nicht gut.

Die Männer, die ich mich ficken ließ, suchte ich mir schon ziemlich genau aus. Ich hielt mich auch da wieder an meine Devise, dass Anzugträger den wenigsten Stress machten.

Wer mich also ficken wollte, der musste auf mich einen gepflegten Eindruck machen und freundlich sein. Überhaupt nur dann war etwas mit mir zu machen. Bei allen anderen sagte ich »Nein« und bot stattdessen einen Blowjob an.

Schon damals merkte ich, dass ich auf Dauer nicht als Hure arbeiten könnte. Ich schaffte es auch während der gesamten Zeit auf dem

Straßenstrich nicht, mich ans Ficken zu gewöhnen. Trotzdem kam es natürlich immer mal wieder dazu.

Es war dann sogar so, dass ich im Auto und in den Kabinen ganz gut klarkam. Im Auto habe ich die Freier auf mich raufgelassen, während ich auf dem Beifahrersitz die Beine breitmachte.

In der Wichskabine habe ich die Männer von hinten rangelassen. Dazu habe ich mich weit nach vorne gebeugt und die Beine gespreizt. In der Kabine habe ich auch weder den Rock noch den Tanga beim Ficken ausgezogen. Den Minirock habe ich einfach nach oben und den Tanga zur Seite geschoben.

Beim Ficken war ich übrigens ziemlich knauserig. Wenn ein Freier meine Titten anfassen wollte, dann musste er dafür extra bezahlen. Ich ließ mich auch nicht am Haar packen.

Wenn der Freier nach ein paar Minuten rammeln nicht abspritzte, dann beendete ich die Veranstaltung und machte den Rest mit der Hand.

Andererseits war es wirklich lukrativ, sich ficken zu lassen. Mit der Zeit lernte ich dann auch, meine Freier abzukassieren. Wer mich ficken wollte, der musste tief in die Tasche greifen. Ich lernte schnell, einige Extras zu verkaufen, obwohl das am Tag ziemlich schwierig war.

Fast jeder Freier zahlte bei mir schon bald mehr als den Einstiegspreis von 40 Euro. Fast jeder hatte irgendwelche Extrawünsche, die er bezahlen musste. Anders als beim Blowjob war sogar der Dirty Talk zusätzlich gebührenpflichtig. Schließlich hatte ich nichts zu verschenken.

Das volle Programm

Wichsen, blasen und ficken war das Standardprogramm auf dem Straßenstrich, aber längst nicht alles, was die Frauen im Angebot hatten.

Grundsätzlich galt, dass die Frauen wirklich alles machten, was die Freier verlangten und wofür sie zu zahlen bereit waren. Machte einer der Frauen da nicht mit, dann brachte sie einer der Luden auf Kurs. Gerade für die Frauen aus Bulgarien war das Arbeiten auf der Kurfürstenstraße keine »wünsch Dir was« Veranstaltung.

Wenn ein Tag schlecht lief und sich zu viele Frauen um die wenigen Freier »prügelten«, dann stieg mit jeder Stunde, die man auf einen Freier wartete, die Bereitschaft, etwas mehr für etwas weniger Geld zu machen. Die meisten Freier wissen das und nutzen es schamlos und berechnend aus.

Es gibt Freier, die dann so oft die Straße hoch und runter fahren, bis sie endlich eine Frau finden, die sich ohne Gummi ficken lässt. Einige ganz schlimme Typen haben es bei dieser Masche sogar auf ungeschütztes Arschficken abgesehen.

Damit kamen sie natürlich nicht bei jeder Frau durch. Bei Melanie und mir war da definitiv und ausnahmslos nichts zu machen. Aber auch bei vielen anderen Frauen kamen solche Typen nicht durch.

Ich schätze aber, dass ungefähr ein Drittel der Frauen sich auch ohne Gummi ficken ließen, wenn das Geschäft einfach nicht lief. Das waren dann meistens Frauen aus Bulgarien oder Drogenabhängige, die völlig vollgedröhnt waren.

Auf der anderen Seite waren die Freier, die es wirklich nur ohne Gummi machen wollten, klar in der Minderheit. Für mich waren das»kranke Arschlöcher«.

Was in den Köpfen dieser Typen vorgeht, will ich gar nicht wissen. Für mich ist das gestört und kriminell. Schließlich gefährden sie mit ihrem leichtsinnigen und verwerflichen Verhalten nicht nur sich selbst, sondern auch die Prostituierten und vielleicht auch noch ihre Ehefrauen und Partnerinnen.

Ich halte nichts davon, Prostitution in Deutschland grundsätzlich und ausnahmslos zu untersagen. Ich würde es aber begrüßen, wenn man ungeschützten Geschlechtsverkehr mit Prostituierten unter Strafe stellen würde. Wie ich denken übrigens die meisten Frauen aus dem Gewerbe.

Ohne Gummi gefickt zu werden, hat auch den Frauen, die sich darauf einließen, bestimmt nicht sonderlich viel Spaß gemacht. Ich denke, dass sie das überhaupt nur taten, weil sie sich quasi in einer hoffnungslosen Zwangslage befanden.

Wenn Geld für den nächsten Druck gebraucht wurde, oder die Zuhälter mit ihrer Geduld am Ende waren, dann sank bei diesen armen Dingern die Hemmschwelle.

Ganz nebenbei war damit auch kein großes Geld zu machen. Es war nicht etwa so, dass die Freier bereit gewesen wären, dafür ordentlich zu bezahlen. Selbst wenn Frauen sich darauf einließen, ohne Gummi gefickt zu werden, ging die schamlose Feilscherei los.

Waren die Frauen ausreichend verunsichert und standen unter starkem Druck, dann konnte man diesen speziellen Service für 50 Euro oder weniger im Auto haben.

Für Melanie und mich war das kaum nachvollziehbar.

Melanie: »Bevor ich mich von so einem verwanzten Typen ohne Gummi ficken lassen würde, würde ich hier lieber die Biege machen. Ich würde lieber betteln gehen, als das mit mir machen zu lassen.«

Kimberley: »Das glaube ich Dir aufs Wort. Ich denke genauso wie Du darüber. Trotzdem musst Du Dich einmal in die Situation der Frauen versetzen. Die machen das doch weder gerne, noch freiwillig. Dahinter steht immer jemand, der die Hand aufhält, und diese Frauen mit Gewalt unter Druck setzt. Oder es sind Drogen im Spiel.«

Auch wenn wir bei diesen Geschichten nicht mitmachten, mussten doch auch wir unsere »Produktpalette« kräftig ausbauen, um im Geschäft zu bleiben und ausreichend Umsatz zu machen.

Wie die anderen Frauen bekamen wir zum Sommer hin nämlich auch die wachsende Konkurrenz zu spüren. Fast täglich kamen neue Frauen vom Balkan, die ebenfalls an die Straße gestellt wurden.

Wir hatten also auch keine Wahl und mussten uns ebenfalls auf mehr einlassen, als uns eigentlich lieb war.

Nach Blasen und Ficken wurde Arschficken am häufigsten nachgefragt. Für Melanie war das kein Problem. Wenn die Kohle stimmte, dann hielt sie ohne zu murren den Arsch hin. Das tat sie aber nicht im Auto und auch nicht auf die Schnelle. Wer zu ihr in den Arsch wollte, der musste schon etwas mehr hinblättern und außerdem mit in eine Pension gehen.

Das Arschficken hatte Melanie während ihrer Zeit in dem Wohnungsbordell gelernt und seitdem gerne und oft angewandt.

Melanie: »Ich werde nun wirklich nicht gerne in den Arsch gefickt. Einige Typen scheint das aber richtig anzumachen. Vielleicht fehlt denen bei der eigenen Ehefrau einfach die Möglichkeit dazu. Welche Ehefrau lässt sich schon gerne in den Arsch ficken und welcher Ehemann hat schon den

Mut, danach zu fragen.

Melanie verdiente damit ganz gutes Geld. Den Freiern nahm sie für einen Arschfick mindestens 60 Euro ab. Es gab aber auch Freier, die 80 oder 100 Euro zahlten. So betrachtet hatte sich die Sache für sie schon gelohnt.

Melanie: »Einige von den Arschfickern sind richtig spendabel. Dabei könnten sie es bei den Zigeunerinnen billiger haben. Diese kleinen Schlampen sind aber nicht nach jedermanns Geschmack. Manche mögen´s deutsch!«

Für mich war das alles nichts. Ich habe bei mir keinen einzigen Freier hinten rein gelassen. Noch heute ist mein Arsch jungfräulich. Schon aus anatomischen Gründen wollte ich mir das nicht antun. Ich bin vorne und hinten ziemlich eng gebaut.

Der Arschfick

Unter uns Frauen auf dem Strich gab es eigentlich wenig Kontakt. Man sah zwar jeden Tag die gleichen Gesichter und grüßte sich auch freundlich, zu Gesprächen kam es eigentlich aber so gut wie nie.

Gerade zu den ausländischen Frauen gab es so gut wie keinen Kontakt. Deren Zuhälter verboten es ihnen regelrecht, mit anderen Personen, außer mutmaßlichen Freiern, in Kontakt zu treten. Außerdem sprachen die meisten von ihnen nur sehr wenig Deutsch oder Englisch.

Trotzdem ergaben sich immer wieder Berührungspunkte der Frauen untereinander. So lernte ich Viktoria auch eher zufällig kennen.

Dabei war sie mir schon am ersten Tag aufgefallen. Sie war vor Melanie und mir da und blieb auch noch, wenn wir schon Schluss machten. Sie muss jeden Tag zehn oder mehr Stunden an der Kurfürstenstraße gearbeitet haben.

Viktoria kam aus Bulgarien und gehörte in den Beritt einer Zuhälterbande, die damals den Teil der Kurfürstenstraße zwischen der Frobenstraße und der Genthiner Straße beherrschte.

Viktoria war schon aus der Entfernung zweifelsfrei als Prostituierte zu erkennen. Sie trug meistens Stiefel, Leggins und eine knappe Jacke, aus der ihre Titten hervorquollen. In diesem Outfit lungerte sie stundenlang in ihrem Abschnitt gelangweilt herum.

Viktoria hatte kastanienbraune Haare und ein hübsches Gesicht. Sie hatte aber auch einen fetten Arsch und mindestens 15 Kilogramm zu viel auf den Hüften.

Melanie kannte sie schon etwas länger als ich, hatte aber überhaupt keinen Kontakt zu ihr. Sie war ihr einfach nur aufgefallen, wie sie gelangweilt auf der Straße, zwischen den parkenden Autos stand, oder Passanten ansprach.

An einem frühen Nachmittag stand ich mit Melanie an unserer Ecke und wir unterhielten uns. Viktoria stand auf der Straße. Sie hatte sich vorwärts gegen ein parkendes Auto gelehnt. Sie lag halb auf der Motorhaube und streckte ihren fetten Arsch gegen die vorbeifahrenden Autos. So wie sie da lag, hätten sich die Freier nur hinter sie stellen müssen, um sie bequem von hinten zu ficken. So ging es mit ihr schon eine ganze Weile, ohne, dass sie einen Freier aufgegabelt hätte.

Melanie: »Die fette Kuh ist mir ein echtes Rätsel. Die hängt hier jeden Tag stundenlang rum. Du musst sie mal beobachten. Es hat Tage gegeben, da hat sie nicht einen einzigen Freier aufgerissen. Trotzdem steht sie stundenlang gelangweilt hier rum. Wenn sie nicht steht, dann sitzt sie auf der Mauer oder legt sich halb auf ein Auto. Das scheint aber alles nichts zu bringen. Warum kommt sie eigentlich noch?«

Kimberley: »Freiwillig steht die hier bestimmt nicht. Außerdem kommt die schon an ihre Freier. Zwei oder drei greift sie doch am Tag regelmäßig ab. Für ihre Luden reicht das wahrscheinlich schon. Außerdem ist sie eigentlich eine hübsche Frau.«

Melanie: »Hübsche Frau? Schau sie dir an. Die wird von Tag zu Tag fetter. Guck Dir doch mal die Männer an, die sie abschleppt. Außerdem habe ich gehört, dass sie öfters Stress mit Freiern hat. Die ist nicht nur fett, sondern auch zu dumm zum Ficken.«

Kimberley: »Ach so? Woher willst Du das denn wissen?«

Da für den Moment nichts los war und wir unser Geld eigentlich für diesen Tag schon verdient hatten, beschlossen wir, gemeinsam etwas in einem Imbiss zu essen. Wir gingen zum Imbiss an der Genthiner Straße, der damals von uns »Klein Bulgarien« genannt wurde. Dort hingen rund um die Uhr die Zuhälter und Aufpasser der bulgarischen Huren rum.

Als wir bei Viktoria vorbeigingen, grüßte sie Melanie freundlich und lächelte sie an. Ich wunderte mich.

Kimberley: »Ihr scheint euch ja zu kennen. Gibt es da etwas, das ich wissen müsste?«

Bei einem Kaffee und Pommes erzählte mir dann Melanie die Geschichte, die sie mit Viktoria erlebt hatte.

Melanie: »Viktoria steht hier schon eine ganze Weile. Sie hat kurz nach mir angefangen. Sie gehört zum gleichen Stall, wie die anderen Hühner im oberen Bereich der Kurfürstenstraße. Sie ist mir aber schon am ersten Tag aufgefallen. Sie geht mit ihren Freiern immer in die Pension ******* und muss dabei mit ihren Begleitern bei mir vorbeigehen.

Kennengelernt habe ich sie dann aber in der Pension. Das war dann aber ein Zusammentreffen der eher unangenehmeren Art. Wir hatten zufällig beide gleichzeitig in der Pension geschäftlich zu tun. Natürlich kein Dreier oder so. Wir hatten beide unsere Freier und getrennte Zimmer. Mit einer von den Bulgarinnen würde ich niemals etwas gemeinsam unternehmen. So was bringt garantiert nur Stress mit den Zuhältern der Mädels.

Als ich damals in der Pension war, hing einer von den bulgarischen Zuhältern auch da rum. Er saß im Empfangsbereich, trank eine Cola und hörte laut den Polizeifunk ab.

Ich hasse diese schwarzhaarigen Teufel und vermeide jeden Kontakt mit ihnen.

Ich bin dann mit meinem Freier ins Zimmer. Wir verbrachten dort eine gute Viertelstunde und waren schon mit dem Ficken fertig, als es in der Pension plötzlich laut wurde. Mein Freier geriet schon fast in Panik. Er griff sich seine Klamotten und haute ab. Er hatte wohl kein Interesse, dort in irgendetwas mit hineingezogen zu werden.

Ich entschied mich, im Zimmer zu bleiben und abzuwarten, wie sich die Lage entwickeln würde. Ich zog mich also in Ruhe an.

Stress in den Pensionen habe ich schon mehrfach miterlebt. Meistens bleibt es harmlos. Ich hatte aber trotzdem keine Lust, da hineinzugeraten. Ich öffnete die Zimmertür einen kleinen Spalt und versuchte, mir einen Überblick über die Lage zu verschaffen. Ich war komplett bekleidet und hätte nur einige Meter durch den dunklen Flur gemusst, um zum Ausgang zu gelangen. Für den Moment erschien es mir aber klüger, im Zimmer zu bleiben und das Geschehen unbemerkt zu beobachten. Für mich stellte sich die Situation wie folgt dar:

Viktoria hatte im Zimmer Stress mit ihrem Freier gehabt und die Situation nicht alleine in den Griff bekommen. Daraufhin wurde sie laut und ihr Lude stürzte ins Zimmer, um zu sehen, was sich dort abspielte. Im Normalfall sind solche Angelegenheiten dann schnell erledigt. Die meisten Freier haben kein Bock, sich mit einer Nutte und einem Zuhälter anzulegen. Sie ziehen dann lieber ihren Schwanz ein und verpissen sich. In diesem Fall war aber alles anders.

Der Freier fühlte sich von Viktoria abgezockt und war gar nicht bereit, die Sache auf sich beruhen zu lassen. Der kleine Lude schien ihm auch keine Angst zu machen. Der Freier war mindestens einen Kopf größer und doppelt so muskulös und schwer wie der kleine Kerl vom Balkan. Außerdem war er wütend und wahrscheinlich auch noch geil, wie ein Stier.

Die Sache eskalierte weiter, weil im Grunde niemand verstand, worum es ging. Der Freier redete Deutsch. Viktoria und ihr Lude schienen kein Wort zu verstehen. Dann kam der Angestellte der Pension hinzu und versuchte, die Situation zu schlichten. Dabei sprach dieser Typ natürlich auch kein Bulgarisch und nur schlecht Deutsch. Ich kannte ihn, er kam aus Estland und war erst ein paar Monate in Berlin.

Zumindest gelang es ihm aber, die Situation etwas zu entspannen. Wie den anderen, war ihm wohl nicht an Stress während der Hauptgeschäftszeit gelegen.

Jetzt, wo alle etwas ruhiger waren, stellte sich auch heraus, worum es eigentlich ging:

Viktoria hatte den Freier auf der Straße aufgegabelt. Dann haben die beiden die Konditionen besprochen. Ich weiß nicht, ob Viktoria ihn absichtlich dabei beschissen hat, oder es sich nur um ein sprachliches Missverständnis gehandelt hat.

Zumindest ging er davon aus, mit ihr einen Arschfick für 50 Euro vereinbart zu haben.

Nachdem er Viktoria dann im Zimmer bezahlt und sich ausgezogen hatte, begann der Stress.

Er konnte es kaum abwarten und wollte ihr seinen Schwanz in den Arsch stecken, nachdem sie ihm ein Gummi übergezogen hatte. Das wollte sie dann aber nicht. Sie stellte sich quer, wollte ihm nur einen blasen und verlangte sogar 20 Euro extra fürs Ausziehen.

Er schien dann regelrecht durchgedreht zu sein und sie wurde dann laut. Nach all dem standen sie jetzt im Flur und stritten weiter.

Viktoria war komplett angezogen und wollte wohl schon die Pension verlassen. Ihr Freier versperrte ihr aber den Weg. Er stand in Unterhose vor der Ausgangstür und beschimpfte Viktoria als Schlampe und Betrügerin.«

Freier in Unterhose:» Du verfickte Mistfotze! Ich lass mich doch von Dir nicht bescheißen. Ich mache euch alle fertig! Ich misch hier den ganzen Laden auf. Dein Typ macht mir auch keine Angst. Ich hole einfach ein paar Kumpels und dann werden wir ja sehen.«

»Der Angestellte der Pension schlug vor, dass Viktoria ihm einfach das Geld zurückgeben sollte und damit wäre die Angelegenheit dann erledigt. Damit war der Freier aber nicht einverstanden. Er bestand darauf, Viktoria in ihren fetten Arsch zu ficken. Er war jetzt richtig aufgebracht und wahrscheinlich ganz geil darauf, es ihr mit aller Gewalt zu besorgen.

Freier in Unterhose: »Missverständnis? Das war kein Missverständnis. Auf der Straße habe ich ihr genau gezeigt, was ich wollte. Ich habe ihr gezeigt, dass ich sie von hinten in den Arsch ficken wollte und sie war einverstanden. Und jetzt ziert sie sich wie eine Jungfrau. Nicht mit mir! Ich will sie jetzt in den Arsch ficken. Jetzt erst recht.«

Der Hotelangestellte und der Lude besprachen die Angelegenheit. Sie schienen das alles sogar noch irgendwie lustig zu finden. Dem Luden schien das alles sogar noch recht zu sein. Der hatte bestimmt keinen Bock, den Fünfziger wieder rauszurücken und sah in einem Arschfick kein Problem.

Schließlich schienen die beiden sich verständigt zu haben und mussten sogar noch lachen.

Der Hotelangestellte erklärte dann dem Freier, dass er zu seinem Fick kommen sollte. Der Lude besprach das alles mit Viktoria.

Viktoria war aber nach wie vor nicht einverstanden, sondern fing gleich wieder an, zu lamentieren. Sie stellte sich trotzig und schien sich zu weigern.

Da riss dem Luden der Geduldsfaden. Er feuerte ihr eine Ohrfeige ins Gesicht und schrie sie an. Dann packte er sie am Oberarm und zerrte sie ins Zimmer. Die beiden anderen Kerle folgten ins Zimmer. Außer ihnen und mir schien niemand mehr in der Pension zu sein. Dass ich noch da war, schienen sie zudem nicht bemerkt zu haben. Wahrscheinlich gingen sie davon aus, dass ich mit meinem Freier gemeinsam die Pension verlassen hatte.

Sie ließen jetzt die Tür zu Viktorias Zimmer offen. Wahrscheinlich wollte der Hotelangestellte das Klingeln der Tür nicht überhören. Andererseits wollte oder musste er wohl im Zimmer mit den anderen bleiben.

Zur Erklärung sollte ich Ihnen mitteilen, dass es sich bei der Pension nicht um ein eigenständiges Gebäude handelte, sondern lediglich um eine größere Wohnung mit insgesamt sieben Zimmern.

Für mich schien jetzt die Möglichkeit gekommen zu sein, abzuhauen. Den Rest wollte ich mir ersparen. Für den Moment war der Flur unbeobachtet und ich hatte es nicht weit bis zu Tür.

Ich schlich langsam und leise aus meinem Zimmer.

Als ich an der Tür von Viktorias Zimmer vorbeihuschen wollte, wurde ich neugierig. Ich schaute ins Zimmer. So wie ich stand, konnte ich dabei nicht bemerkt werden. Außerdem waren in Viktorias Zimmer alle mit anderen Dingen beschäftigt und achteten nicht auf den Flur.

Alle schienen sicher davon auszugehen, dass sich niemand mehr in der Pension aufhalten würde.

Als ich sah, was sich in dem Zimmer abspielte, traf mich der Schock. Viktoria schien immer noch nicht damit einverstanden zu sein, sich in den Arsch ficken zu lassen. Ihre männlichen Begleiter schienen aber jetzt mit ihrer Geduld am Ende zu sein.

Der Zuhälter packte sie am Hals und boxte ihr mehrfach in den Magen. Dabei beschimpfte er sie laut auf Bulgarisch. Dann drehte er sie um und stellte sie vorwärts gegen einen Heizkörper. Er schrie sie weiter an.

Viktoria war jetzt ganz leise und nur noch am Schluchzen. Der Lude zog ihr die Leggins und den Tanga herunter und drückte ihr die Beine auseinander. Dann gab er dem Freier zu verstehen, dass er jetzt loslegen könne. Der ließ sich nicht lange bitten, sondern packte sie von hinten fest in den Hüften und versuchte ihr seinen Schwanz in den Arsch zu drücken.

Das schien für Viktoria eine schmerzvolle Angelegenheit zu sein. Sie schrie spitz und versuchte auszuweichen. Daraufhin kamen die beiden anderen Kerle seitlich hinzu und packten sie fest.

Jetzt war sie so fixiert, dass sie nicht mehr ausweichen konnte.

Trotzdem schien sie sich noch zu wehren und zu sträuben, woraufhin der Lude mehrfach auf sie einboxte und sie weiter lautstark beschimpfte. Der Hotelangestellte hatte sie währenddessen in den Schwitzkasten genommen und wohl ziemlich zugedrückt.

Der Freier haute ihr dann seinen Penis in den Arsch und fickte sie durch. Dieser miese Wichser schien echt auf seine Kosten zu kommen. Er kloppte ihr sein Ding mit voller Wucht immer wieder in den Arsch und beschimpfte sie dabei lautstark.

Freier: »Nimm das, Du Fotze! Mich bescheißen wollen? Das hast Du jetzt davon. Ich vögel Dir Deinen Darm aus Deinem verfickten Körper.«

Das ging einige Minuten so weiter. Die beiden Kerle hatten Mühe Viktoria zu halten. Viktoria schrie immer wieder vor Schmerz und Verzweiflung. Außerdem versuchte sie sich nach wie vor zu wehren. Sie ist halt ein zähes und kampferprobtes Luder.

Der widerwertige Freier ließ uns dann alle auch noch an seinem Orgasmus teilhaben. Er brüllte wie ein Stier, als er abspritzte. Dann wurde es ganz ruhig. Er zog seinen Schwanz aus Viktorias Arsch und ging von ihr weg. Die beiden Kerle ließen Viktoria los. Ich schreckte zusammen. Das war jetzt meine letzte Chance unerkannt aus der Pension zu entkommen. Ich musste jetzt jeden Moment damit rechnen, dass die Kerle aus dem Zimmer kommen und mich enddecken würden. Ich schlich schnell zu Tür und öffnete sie leise. Ich verschloss dann die Tür vorsichtig hinter mir und stürmte die Treppen herunter auf die Straße.

Ich kann Dir nicht sagen, wie es dann weiterging. Ich bin abgehauen und auch nicht zurück zu meiner Ecke. Ich bin in die andere Richtung gelaufen und dann in die Wohnung. Für diesen Tag hatte ich genug. Zuhause habe ich dann kotzen müssen. Mir ging es hundeelend. Am nächsten Tag war ich dann aber wieder fit.«

Melanie war mit ihrem Bericht fertig. Ich war schockiert und für einen Moment sprachlos.

Kimberley: »Und dann?«

Melanie schaute mich fragend an: »Was dann?«

Kimberley: »Hast Du nicht die Polizei angerufen? Das war doch eine Vergewaltigung.«

Melanie: »Vergewaltigung? Wieso? Der Lude hat doch seinen Fünfziger bekommen. Außerdem ist die dumme Kuh selber schuld. Warum zeigt sie bei den Freiern auch immer auf ihren Arsch.«

Ich war entsetzt, wie herzlos mir Melanie das alles berichtete und dabei genüsslich ihre Pommes aß.

Später sprach sie mich dann noch mal auf die Vergewaltigung an.

Melanie: »Du hast im Grunde recht. Das war eine Vergewaltigung mit allem Drum und Dran. Aber was wäre passiert, wenn ich die Polizei geholt hätte? Denkst Du wirklich, dass ich Viktoria damit einen Gefallen getan hätte? Ich denke, wohl eher nicht. Ich werde Dir mal erzählen, was dann abgegangen wäre.«

Kimberley: »Da bin ich ja mal wirklich gespannt.«

Melanie: »Spielen wir diese Geschichte mal durch. Ich hätte also die Polizei gerufen. Im besten Fall wären die auch schnell da gewesen und hätten alle Beteiligten angesprochen. Und dann? Viktoria ist eine Prostituierte und mit aller Sicherheit polizeibekannt. Der Lude und der Typ aus der Pension werden entweder behaupten, nichts von alledem mitbekommen zu haben, oder einfach nur ihre Schnauzen halten. Und was denkst Du, was Viktoria machen wird? Denkst Du wirklich, dass sie eine belastende Aussage machen wird? Nie im Leben! Die wird schön die Klappe halten. Viktoria hat doch viel zu viel Angst vor der Ludenbande. Die setzen nämlich nicht nur sie unter Druck, sondern auch ihre Familie in Bulgarien. Viktoria wird schön die Klappe halten. Damit wäre der Fall erledigt! Für Viktoria würde dann aber alles noch viel schlimmer werden. So läuft das bei denen.

Viktoria ist doch wahrscheinlich nur von ihren Eltern an die Luden vermietet worden. Wahrscheinlich wären dann selbst ihre Eltern wütend auf sie, wenn man sie nach Bulgarien zurückschicken würde. Die machen doch mit den Luden gemeinsame Sache.«

Kimberley: »Vermietet?«

Melanie: »Genau, ich gehe davon aus, dass Viktoria von ihren Eltern an die Zuhälter und Schlepper vermietet wurde. Sie werden wahrscheinlich jeden Monat einige hundert Euro für Viktoria bekommen. Von dem Geld, das Viktoria hier in Berlin zusammenfickt, bleibt ihr nämlich nichts. Viktoria wird nach jedem Freier abkassiert. Von dem Geld wird dann die Miete an die Eltern bezahlt. Den Rest führen die Luden an ihre Organisation ab.

Viktorias Eltern haben wahrscheinlich kein Interesse daran, dass sie hier mit dem Anschaffen aufhört.

Übrigens stand Viktoria noch am gleichen Tag wieder an der Straße. Gelernt zu haben scheint sie auch nichts. Die hält den Autofahrern immer noch ihren fetten Arsch entgegen.«

Kimberley: »Unglaublich.«

Melanie: »Unglaublich, aber wahr. So läuft hier das Geschäft.«

Die Geschichte machte mich nachdenklich und verstörte mich. Aber wie Melanie, verdrängte ich sie schnell. Verdrängen ist übrigens eine

Eigenschaft, die man auf dem Straßenstrich schnell zu beherrschen lernt.

Ich habe mir oft überlegt, wie ich mich an Melanies Stelle verhalten hätte. Hätte ich mich eingemischt? Hätte ich die Polizei gerufen?

Ich kann mich für diese Geschichte nicht verbürgen. Ich war nicht dabei, sondern gebe hier lediglich die Darstellung meiner Freundin Melanie wieder und enthalte mich weitestgehend einer eigenen Beurteilung.

In dem folgenden Kapitel schildere ich jedoch einen Vorfall, an dem ich persönlich beteiligt war. Auch hier geht es um Viktoria.

Fressverbot

Nach Melanies Geschichte behielt ich Viktoria im Auge. Ich grüßte sie jedes Mal sehr freundlich und lächelte sie an. Beides war unter den Frauen auf dem Strich schon außergewöhnlich. In der Regel begegnete man sich skeptisch und in manchen Fällen sogar feindselig.

Viktoria registrierte meine neue Freundlichkeit ihr gegenüber und grüßte stets freundlich zurück. Auf der Straße sollte sich für uns beide aber keine Möglichkeit für ein kleines Schwätzchen ergeben. Ich gehe davon aus, dass ihre Luden ihr nach dem Vorfall in der Pension ein striktes Kontaktverbot auferlegt hatten.

Zu einem ersten kleinen Gespräch kam es dann, als ich sie im Sexshop traf. Wie ich auch, hielt sie sich dort »geschäftlich« auf. So wurde ich Zeugin einer kleinen, scheinbar belanglosen Szene.

Viktoria war wohl gerade mit ihrem Freier fertig und alles schien von ihr zu seiner vollsten Zufriedenheit erledigt worden zu sein. Der Freier wollte sich gerade von ihr verabschieden, als sie ihn festhielt. Der Freier guckte überrascht und ängstlich.

Viktoria: »Bitte, bitte. Du mir geben 3 Euro? Bitte!«

Der Freier schien nicht zu wissen, was mit ihm geschah, überlegte aber nicht lange und gab ihr einige Münzen, die er noch in der Hand hielt. Wahrscheinlich hatte er vor der Nummer mit Viktoria in der Wichskabine einen Zehner am Automaten gewechselt, weil er das Kleingeld für die Kabine brauchte. Die Münzen, die er jetzt noch in der Hand hielt, schienen der Rest zu sein.

Der Freier war jetzt wirklich bedient und schlich sich schnell davon.

Viktoria steckte sich die Münzen ein. Dann sah sie mich und für einen Moment hatte ich das Gefühl, dass sie dabei erschrak. Sie hatte wohl nicht damit gerechnet, dass sie beobachtet wurde. Als sie mich erkannte, schien sie aufzuatmen und lächelte. Beim Vorbeigehen grüßte sie mich noch mal und verschwand dann nach draußen.

Sieht man einmal von der Bettelei um die Münzen ab, so verhielt sie sich völlig normal. Wie die anderen Frauen musste sie zusehen, dass sie den Sexshop unmittelbar nach dem Freier verließ.

Es war nämlich so, dass sie ständig von ihren Zuhältern überwacht wurde. Sie musste jede Nummer vorab mit ihrem Handy melden und nach ihrem Geschäft das eingenommene Geld sofort übergeben.

Genau so geschah es auch in diesem Fall. Viktoria ging aus dem

Sexshop zu einem Auto und reichte dem Beifahrer ihr verdientes Geld. Der nahm das Geld missmutig an und schien sich bei ihr sogar noch zu beschweren. Wahrscheinlich waren es nur die üblichen 20 Euro für einen Blowjob.

Dann ging sie mit schnellen Schritten wieder zu ihrem »Standplatz«. Das alles war ziemlich straff organisiert, weil für das Ludenpack Zeit Geld war.

Da die meisten Frauen, die damals an der Kurfürstenstraße standen, ziemlich hinter dem Geld her waren, wunderte es mich nicht, dass sie ihren Freier noch um einige Euro angebettelt hatte.

Ich sah diesen Zwischenfall aber schon bald in einem ganz anderen Licht. Der zweite Teil dieser Geschichte spielte sich dann wieder im Sexshop ab, wo ich wieder einmal auf Viktoria traf.

Sie war in der Kabine neben mir, als ich gerade einen Schwanz im Mund hatte. Sie musste mit ihrem Freier am Ficken gewesen sein. Ich hörte zumindest die entsprechenden Geräusche. Für mich kam diese Geräuschkulisse aus lautem Stöhnen und dem Klatschen auf ihren Arsch sehr gelegen. Dadurch wurde mein Freier noch geiler und spritzte noch schneller ab.

Ich war einige Minuten vor Viktoria fertig und wartete im Sexshop. Ich wollte so tun, als würden wir uns zufällig hier treffen. Tatsächlich legte ich es darauf an, sie hier anzusprechen. Ich wollte ihr einfach einmal mehr als nur »Hallo« sagen.

Viktoria war übrigens eine der letzten Balkanhuren, die im Sexshop noch kein Hausverbot hatte.

Nach wenigen Minuten war ihr Stecher dann fertig und die Tür der Kabine ging auf. Viktoria hatte schon wieder ihre Leggins hochgezogen und kam heraus. Ihr Freier war noch damit beschäftigt, sich das Kondom vom Schwanz zu ziehen und dann alles wieder in seine Hose zu stecken.

Als er bemerkte, dass ich ihn dabei sehen konnte, guckte er erschrocken. Ich musste grinsen.

Viktoria kam freundlich auf mich zu, grüßte mich und fing an, auf mich einzureden. Ich verstand kein einziges Wort. Sie sprach in einer merkwürdigen Mischung aus 90 Prozent Bulgarisch und 10 Prozent falschem Deutsch. Ich gab mir alle Mühe, um zu verstehen, was sie von mir wollte.

Ihr Freier schien jetzt auch fertig mit dem Ankleiden zu sein und kam aus der Kabine. Als er an uns beiden vorbeigehen wollte, verabschiedete er sich sogar noch freundlich. Da hielt Viktoria ihn am Arm fest.

Viktoria: »Bitte bleiben. Bitte bleiben eine Minute. Bitte!«

Der Freier guckte erstaunt und blieb stehen.

Er schien ein recht freundlicher Typ zu sein und ging auf sie ein.

Freier: »Ja. Ich bleibe ja schon. Was ist denn eigentlich los.«

Er schaute mich fragend an, aber ich konnte auch nur mit den Schultern zucken. Gemeinsam versuchten wir dann herauszubekommen, was Viktoria eigentlich von uns wollte.

Sie brabbelte weiter auf uns ein. Dabei hatte sie einen traurigen und verzweifelten Blick.

Aus den wenigen Wortbrocken versuchten wir uns gemeinsam einen Reim zu machen. Viktoria nahm meine Hand, legte mir drei Euro drauf und verschloss sie fest.

Viktoria: »Du bitte Döner. Du bitte Döner.«

Ich schaute den Freier verwundert an, während Viktoria die drei Worte ständig wiederholte.

Freier: »Ich würde sagen, dass Du einen Döner holen sollst.«

Kimberley: »Ich soll einen Döner holen? Na gut.«

Ich schaute Viktoria an und nickte mit dem Kopf.

Kimberley: »Ok. Ich hole Dir einen Döner.«

Sie lächelte mich dankbar an. Als nun auch der Freier gehen wollte, hielt sie ihn zurück und flehte ihn an.

Viktoria: »Bitte warten. Bitte warten.«

Sie war kurz davor zu weinen, und hielt sich verzweifelt an ihm fest. Er versuchte sie ganz lieb zu beruhigen.

Freier: »Ist gut. Ganz ruhig. Ich bleibe.«

Wir beide verstanden nicht, was das alles sollte. Schließlich ging ich aber aus dem Sexshop und holte einen Döner. Der Freier blieb bei Viktoria und wunderte sich weiter.

Ich beeilte mich und kam schnell mit dem Döner zurück. Da ich nicht wollte, dass man mich sah, wie ich mit einem Döner in den Sexshop ging, steckte ich den in Alufolie gewickelten Döner in meine Handtasche. Ich konnte mir auf die ganze Geschichte immer noch keinen Reim machen.

Im Sexshop gab ich dann Viktoria den Döner. Sie riss die Verpackung gierig auf und stopfte das ganze Teil innerhalb kürzester Zeit in sich hinein.

Ich habe noch niemals in meinem Leben jemanden so schnell einen Döner essen sehen. Sie stopfte sich das Zeug in den Mund und würgte es hinunter.

Der Freier und ich standen fassungslos daneben. Ich hatte Angst, dass sie an dem Teil ersticken würde, so gnadenlos würgte sie das Ding in sich hinein.

Nachdem sie fertig war, wischte sie sich den Mund und kontrollierte alles genau. Dann klopfte sie dem Freier auf die Schulter und drängte ihn zur Tür. Ich ging dann auch ziemlich verwundert und traf den verdutzten Freier vor der Tür.

Freier: »Was war das denn?«

Im selben Moment rauschte Viktoria an uns vorbei. Dabei tat sie, als würde sie uns nicht kennen.

Sie ging schnurstracks zu einem Auto und reichte das Geld durch das Fenster hinein. Dann gab es noch einen kurzen und unfreundlichen Wortwechsel und schon war sie wieder in Richtung ihres Stellplatzes verschwunden.

Wir schauten uns diese Szene an und standen noch immer wie versteinert vor dem Sexshop.

Kimberley: »Diese Arschlöcher können auch nie genug bekommen. Zecken!«

Freier: »Wie? War das ihr Zuhälter?«

Ich schaute den Typen an.

Kimberley: »Nein. Natürlich nicht. Das war ihr Seelsorger. Mit Deinem Geld werden jetzt Waisenhäuser in Bulgarien unterstützt.«

Ich schüttelte den Kopf und sagte zu dem Typen noch: »Wie dumm bist Du eigentlich?«

Ich wunderte mich dann noch eine ganze Weile über Viktorias merkwürdiges Essverhalten. Eher beiläufig erzählte ich die Geschichte dann Melanie, die sich überhaupt nicht wunderte.

Melanie: »Das passt doch zu ihr. Ich beobachte sie schon seit einiger Zeit. Am Anfang war sie richtig schlank. Den fetten Arsch und das ganze Fett auf den Hüften hat sie sich hier erst angefressen. Das nennt man wahrscheinlich Kummerspeck. Ich habe einige dieser Fressattacken bei ihr auch schon mitbekommen. Das ist aber nicht untypisch. Viele von den bulgarischen Frauen fressen ungeniert und nehmen hier so richtig zu. Das beobachte ich schon eine ganze Weile. Viktoria ist aber der härteste Fall von allen. Du musst Waldemar einfach mal auf Viktoria ansprechen. Der kann Dir Geschichten erzählen.«

Weil mich meine Neugierde mal wieder nicht in Frieden ließ, sprach ich am folgenden Tag Waldemar auf Viktoria an. Waldemar machte gerade Dienst vor der Tür des Sexshops und freute sich über eine kleine Unterhaltung mit mir. Als ich ihm kurz von meinem Erlebnis mit Viktoria berichtete, musste er schmunzeln.

Waldemar: »Viktoria ist wirklich ein Fall für sich. Sie kann einem nur leid tun. Als ich sie zum ersten Mal gesehen habe, war sie eine richtig hübsche, schlanke Frau mit einem süßen und unschuldigen Lächeln. Das ist erst wenige Monate her. Jetzt sieht sie aus wie eine Tonne und bekommt diesen gelangweilten Nuttenblick nicht mehr aus ihrem Gesicht. Ich habe hier ja schon einiges erlebt, aber wie Viktoria hier von den Augen aller vor die Hunde geht, ist selbst hier einzigartig.

Die Fresserei ist das Schlimmste. Als sie hier anfing, waren die Regeln ihrer Zuhälter noch lockerer. Da durfte sie Pausen machen und sich selbst etwas vom Imbiss zum Essen holen. Sie hat damals schon gefressen wie ein ausgehungerter Bauarbeiter. Nach jedem Freier stand sie an der Dönerbude und stopfte sich den Fraß rein.

Das wurde ihren Zuhältern dann irgendwann zu bunt und man hat ihr das Essen an den Buden untersagt. Sie hatte ein richtiges Fressverbot, wie es auch für die anderen Frauen zu gelten scheint.

Dann fing Viktoria an, heimlich zu fressen. Zuerst bettelte sie Männer an, die irgendetwas Essbares in der Hand hatten und eigentlich nur an ihr vorbei gehen wollten. An den Imbissbuden und in den Gaststätten hat man ihr schon längst nichts mehr zu essen verkauft. Dafür hatten die Zuhälter gesorgt, die hier überall rumhängen.

Ich habe es einmal spät am Abend mitbekommen, wie Viktoria beim Essen von einem der Zuhälter erwischt wurde. Dieser Typ hat sie geohrfeigt und ihr dann, direkt an der Straße, den Finger tief in den Hals gesteckt, bis sie alles wieder ausgekotzt hatte.

Seitdem ist sie vorsichtiger und frisst nicht mehr auf der Straße.

Das Geld für ihr Fressen bettelt sie sich bei ihren Freiern zusammen. An das Geld fürs Ficken kommt sie ja nicht ran. Das muss sie komplett abdrücken. Ich habe ihr bei ihren Fressorgien selbst schon ein paar Mal geholfen.

Wenn es ums Essen geht, dann tun mir diese Frauen wirklich leid. Die Zuhälter wollen ihre Frauen alle schlank haben. Darum kontrollieren sie die Essgewohnheiten auch so penibel. Ich habe das Gefühl, dass die Frauen regelrecht ausgehungert werden. Das ist einfach nur widerlich.

Ich finde es überhaupt widerlich, wenn diese Typen eine ihrer Frauen in die Mangel nehmen. Das hat für mich immer etwas von Sadismus und Folter.«

Das klang alles nicht gut. Ich beobachtete darauf hin, wie die Frauen auf dem Strich aßen. Waldemar hatte recht. Die Frauen aßen nie alleine, sondern wurden von »Essensboten« versorgt. Die Portionen schienen immer zu klein zu sein. Zumindest fielen die Frauen immer gierig über das Zeug her.

Manchmal sah man auch Frauen mit Zuhältern vor oder in Lokalen sitzen. Essen durften die Frauen aber auch dann nicht. Vor ihnen stand ein Glas Wasser, während sich die Luden vollfraßen.

Waldemar: »Die Frauen sind so ausgehungert. Für einen Döner würden die meisten von denen sich bestimmt ficken lassen, wenn es die Zuhälter nicht mitbekämen. Das ist aber ausgeschlossen. Diese Typen überwachen ihr »Kapital im Minirock« auf Schritt und Tritt. Nur hier im Sexshop haben diese Vögel Hausverbot!«

Ich hätte sehr gerne einmal eines meiner Kapitel mit einem wahren Happy End abgeschlossen. Gerade bei Viktoria hätte mich eine Wendung zum Guten persönlich sehr gefreut.

Leider kann ich aber damit nicht dienen. Für Viktoria ging das Martyrium auf dem Straßenstrich weiter.

Irgendwie müssen Viktoria Wochen später ihre Zuhälter auf die Spur gekommen sein. Ich hatte sie da schon eine Weile nicht mehr gesehen, weil sie nur noch in der Nachtschicht eingesetzt wurde.

Als ich sie dann mal wieder sah, erkannte ich sie kaum wieder. Sie war neuerdings stark geschminkt und ihr Haar war nicht mehr kastanienbraun, sondern fast schwarz. Das Bemerkenswerteste war aber ihre Figur. Sie trug immer noch ihre scheußlichen Leggins und ihre Titten quollen immer noch aus ihrem knappen Jäckchen. Sie hatte aber mindestens 20 Kilogramm an Gewicht abgenommen und war fast schlank.

Melanie: »Viktoria hat wirklich eine Rosskur hinter sich. In den paar Wochen hat sie soviel Gewicht verloren.«

Kimberley: »Wie sie das nur geschafft hat?«

Melanie: »Naja, bestimmt nicht unter ärztlicher Kontrolle und wahrscheinlich auch nicht freiwillig.«

Kimberley: »Sondern?«

Melanie: »Ich nehme an, dass ihre Zuhälter nicht mehr mit ihren Umsätzen zufrieden waren. Darum haben sie ihr »Kapital in Minirock« ein wenig aufpoliert. Jetzt nimmt sie bestimmt viel mehr Kohle ein. Freiwillig hat sie bestimmt nicht abgespeckt. Wahrscheinlich haben die Luden sie einfach ein paar Wochen mit Rizinusöl gefüttert und ansonsten auf eine Nulldiät gesetzt.«

Kimberley: »Gesund klingt das nicht.«

Melanie: »Viktorias Gesundheit ist denen doch egal. Solange sie sich auf ihren Beinen halten kann, geht die Rechnung doch auf. Wenn sie dann irgendwann nicht mehr funktioniert, dann wird sie in einen Kleintransporter verfrachtet und nach Bulgarien gebracht. Dort geht es ihr dann auch nicht besser als in Berlin. Mädchen wie Viktoria sind für die Zuhälter leicht austauschbar. Solange sie funktionieren, bringen sie den Luden im Monat Tausende von Euros. Wenn es nicht mehr läuft, dann werden sie entsorgt oder auf eine Tournee geschickt. Viktoria ist nur eine von vielen Schicksalen hier auf dem Strich, das niemanden interessiert. Dann tingelt sie für die nächsten Monate durch Bordelle und Clubs irgendwo in Deutschland. Wenn es ganz schlecht für sie läuft, dann wird sie für ein paar Tausender nach Serbien oder in die Türkei verkauft. So oder so sind das keine schönen Aussichten.«

Abgezockt!

Bei dem, was sich rund um die Kurfürstenstraße Tag für Tag und Nacht für Nacht abspielte, sollte man eigentlich meinen, dass es dort ständig ein großes Polizeiaufgebot vor Ort gegeben hätte. Davon war aber weit und breit und rund um die Uhr nichts zu sehen oder zu bemerken.

Während der Nächte beschränkte sich die Polizei auf der Kurfürstenstraße auf sporadische Präsenz. Nur im Ausnahmefall kam es zu Kontrollen von einzelnen Fahrzeugen oder Personen.

Betroffen von Personenkontrollen waren dann in erster Linie die Frauen auf der Straße. Die Luden und Freier blieben unbehelligt.

Wenn sich einzelne Frauen zu tief in den umgebenden Kiez vorwagten, erteilte die Polizei Platzverweise oder zumindest Ermahnungen. Aber selbst diese Maßnahmen waren so kraftlos, dass sie einer stetigen Ausdehnung des Strichs kaum Einhalt geboten haben.

Es war von Woche zu Woche gut zu beobachten, wie sich der Straßenstrich im Kern verdichtete und über seine »Grenzen« wuchs. Gerade in den Nächten an Wochenenden waren die umliegenden Straßen mit Frauen bestens bestückt.

Noch nicht einmal das nächtliche Durchfahrverbot für Kraftfahrzeuge, das in zahlreichen, umliegenden Straßen galt, wurde konsequent durchgesetzt.

Einsätze der Polizei, die durch Anzeigen oder Hilferufe veranlasst wurden, gab es nur sehr selten. Hier rief niemand in der Nacht die Polizei um Hilfe.

Wenn es doch mal Sirenen zu hören und Blaulicht zu sehen gab, dann waren das meistens Fahrzeuge der Feuerwehr. Fast jeden Tag kam es zu Einsätzen der Rettungswagen. Dabei ging es meistens um Drogengeschichten.

Die fehlende Polizeipräsenz machte es den Banden leicht, nicht nur ihre abgerichteten Frauen an die Straße zu stellen, sondern sich auch noch an den Freiern und nächtlichen Bummlern zu bedienen. Dass Freier um ihre Kohle geprellt wurden, war nachts nicht die Ausnahme.

Ganz besonders im Visier hatten die Zuhälter und die Nutten dabei betrunkene Männer, von denen sie annahmen, dass aus ihnen noch etwas herauszuholen war. Die angewandten Methoden und Tricks, um diesen Herren das Geld bis zum letzten Cent aus der Tasche zu ziehen, waren vielfältig und fantasievoll. Ständig kamen zudem neue Maschen hinzu.

Geprellte Freier, die sich um ihr bezahltes Geld betrogen sahen, suchten lieber still und heimlich das Weite, um den Stress und die Prügel der Zuhälter zu vermeiden. Von denen kam sicher nicht einer auf die Idee die Polizei zu holen, wenn eine Frau sich weigerte, den Schwanz in den Mund zu nehmen, obwohl er dafür bezahlt hatte.

Wenn sich eine Frau keine Mühe gab, und ein Freier nicht abspritzen konnte, dann war das ebenfalls kein Fall für die Staatsmacht.

Die Zuhälterbanden konnten sich daher ziemlich sicher sein, ihr Geschäft weitestgehend unbehelligt betreiben zu können. Für diese Herren, bei denen es sich nicht um Kleinkriminelle handelte, war Berlin Schöneberg das Ludenparadies und ein einziger großer Selbstbedienungsladen. Hier schaute ihnen niemand auf die Finger. Hier ließ man sie ihr schmutziges Geld verdienen.

Angst oder auch nur Respekt vor der Polizei hatte von denen keiner. Darum wurden sie auch immer frecher und dreister.

Es gab in der Nacht auch nicht wenige Frauen und Zuhälter, deren Geschäftsmodell einzig daraus bestand, Freier abzuzocken. In diesen Fällen waren die Frauen mehr Lockvögel als Huren.

Es gab Frauen, die kamen in Nächten auf Umsätze von 500 Euro und mehr, ohne einmal gefickt worden zu sein. Aber selbst diese Frauen mussten nicht befürchten, größere Probleme mit abgezockten Freiern zu bekommen. Die Orte, an denen gefickt wurde, waren unter strengster Kontrolle der Zuhälter. Eigentlich mussten diese Frauen die Reaktionen und Gewaltausbrüche ihrer »Beschützer« mehr fürchten, als Handgreiflichkeiten der Freier. Die Zuhälter hassten nämlich nichts mehr, als Unruhe während der Geschäftszeiten. Außerdem hatten sie ein starkes finanzielles Interesse an ihrem »Kapital in Miniröcken«.

Bei den Zuhältern konnte man schon an der getragenen Kleidung und den Autos erkennen, wie hoch sie in der Hierarchie der Banden standen. Die Anheizer, die sich rund um die Uhr in unmittelbarer Nähe der Frauen aufhielten und die »Herde« bewachten, waren nur Handlanger.

Innerhalb ihrer Organisation standen sie selbst derart unter Druck, dass sie wirklich alles unternahmen, um die Umsatzziele der Frauen zu erreichen und Verdienstausfälle der Frauen zu vermeiden.

Diese Typen hielten die Frauen aber nicht nur an, zu neppen. Sie kümmerten sich auch persönlich um die Männer. Gerade nachdem die Herren mit den Huren fertig waren, nahm man sie ins Visier. Die Hinweise auf lohnende Opfer erhielten die Typen direkt von den Frauen. Noch bevor die Frauen wieder auf der Straße standen, hatten sie interessante Opfer per

Mobiltelefon gemeldet.

Am Tag haben wir davon wenig mitbekommen. Diese Geschichten spielten sich in der Nacht oder am ganz frühen Morgen ab. Melanie, die sich da ein wenig besser auskannte als ich, hat mir einmal erzählt, wie das so ungefähr ablief.

Melanie: »Die Frauen bekommen von den Luden so eine Art Prämie, wenn sie ein lohnendes Opfer melden. Natürlich gibt es für die Frauen kein Geld, vielleicht aber eine Portion Prügel weniger. Die Frauen melden Männer, die angetrunken sind und bei denen sie Geld, Kreditkarten, Autoschlüssel oder andere wertvolle Dinge gesehen hatten. Diese Typen werden dann, wenn sie die Pension verlassen oder aus der Wichskabine kommen, direkt ins Visier genommen und von einer kleinen Gruppe junger Kerle verfolgt. Wenn sich dann die Möglichkeit ergibt, dann fangen diese Typen mit ihrem Opfer Streit an und nehmen ihm die Wertgegenstände ab. Meistens gibt es dann auch noch etwas in die Fresse.

Diese Überfälle spielen sich auch nicht unmittelbar im Kiez ab. Meistens wird das potenzielle Opfer sogar ein ganzes Stück verfolgt.

Männer, die sich die Frauen in den Wagen laden und mit ihnen zu den Fickplätzen fahren, sind aber auch nicht unbedingt vor Prügel und Nepp sicher. In solchen Fällen fangen manchmal Frauen im Auto an, Stress zu machen und sogar um Hilfe zu schreien. Da sind die prügelnden und raubenden Retter schnell zur Stelle. Die Opfer geraten dann auch mal in Panik, weil sie befürchten, Stress wegen irgendeines Sexualdeliktes zu bekommen.

Bei diesen Attacken achten die Täter aber immer sehr geschickt darauf, dass es nicht unbedingt wie ein Raub aussieht. Vielmehr sollte man als Außenstehender denken, dass es sich lediglich um einen Streit zwischen einem Freier, einer Prostituierten und den Beschützern gehandelt habe. Dass dabei Wertsachen abhanden kommen, ist da nur nebensächlich. Für die Opfer ist es schwierig, dagegen irgendetwas zu unternehmen. Die Männer sind alleine und außer den Angreifern gibt es keine Zeugen. Diese Geschichten sind übrigens eine Spezialität unserer europäischen Freunde aus Bulgarien.«

Kimberley: »Naja. Nepp auf dem Strich ist wohl nicht nur bei Bulgaren üblich. Irgendwie gehört es einfach dazu, dass von Zeit zu Zeit ein Freier ausgenommen wird wie eine Weihnachtsgans. Wer mit den Taschen voller Geld und goldenen Kreditkarten zum Straßenstrich fährt, dem ist echt nicht mehr zu helfen. Da kann ich kein Mitleid empfinden. Da sind mir die Typen, die uns ihr abgezähltes Geld geben, fast lieber.«

Machtverteilung

Der Strich in unserem Kiez hatte ganz unterschiedliche Gesichter. Abhängig vom Straßenabschnitt und vor allem der Tageszeit war und ist er mal mehr und mal weniger gefährlich gewesen.

Brandgefährlich war das gesamte Areal für die Frauen vor allem nach Einbruch der Dunkelheit, bis in die frühen Morgenstunden. Was sich während dieses Zeitfensters in den Seitenstraßen, auf den großen Parkplätzen und in den kleinen Parkanlagen abspielte, ist in seiner kriminellen Vielfalt kaum zu beschreiben.

Während sich die Zuhälterbanden am Tag etwas zurückhalten müssen, agieren sie im Schutz der Dunkelheit weitestgehend unkontrolliert. Nachts übernehmen diese Banden das Kommando und die Macht über dieses Gebiet. Es erschien mir oft, als habe der Staat vor diesen Verbrechern längst kapituliert.

Mit der Drogenszene verhielt es sich nicht anders.

Während sich tagsüber nur vereinzelt Drogendealer in dieser Gegend herumtrieben, erwachte in den Nachtstunden ein riesiger Drogenumschlagplatz. Hier trafen sich Drogenabhängige und kleine Dealer. Was gekauft wurde, das wurde auch meistens gleich gedrückt. Ging man in den frühen Morgenstunden durch dieses Gebiet, dann sah man überall benutzte und blutverschmierte Spritzen herumliegen. Besonders schlimm war es auf dem Kinderspielplatz unter dem U-Bahn-Bogen und in dem kleinen Park. Aber auch Hauseingänge, Einfahrten und der U-Bahnhof wurden als öffentliche Druckräume genutzt.

Das offensichtliche Elend der drogenabhängigen und oft auch kranken Frauen war nur schwer zu ertragen.

Von unserer damaligen Wohnung hatten wir einen ziemlich guten Blick auf den Park am Karlsbad. Dort konnten wir einen Teil der Drogenszene gut beobachten.

Man konnte während der Nächte hier aber nicht nur Drogen kaufen, sondern auch die tägliche Beute der Beschaffungskriminellen. Vor allem elektronische Artikel wechselten hier für kleines Geld die Besitzer. Die Hehler lungerten in den Straßen herum und warteten auf ihre drogenabhängigen Geschäftspartner. Zu lächerlichen Preisen wurden dann die Dinge gehandelt, die bestellt worden waren.

In der Nacht waren Teile der Kurfürstenstraße fest in der Hand von drogenabhängigen Prostituierten und deren Dealer und Luden. Mit welchen harten Bandagen hier um jeden zahlungswilligen Freier gekämpft wurde, können Sie sich wahrscheinlich vorstellen.

Hier nachts anschaffen zu gehen, wäre für mich glatter Selbstmord gewesen. Gefährlich waren nicht nur perverse Freier, sondern auch die Frauen, die gegenseitig in erbarmungsloser Konkurrenz zueinander standen. Und dann waren da noch die Zuhälter, die das gesamte Gebiet in der Nacht belagerten. Als Frau ohne »Beschützer« wäre man von diesen Typen sofort gegriffen und abkassiert worden.

Von dem allen bekamen Melanie und ich aber nur wenig mit. Nachts mieden wir das gesamte Areal. Wir machten unser Geschäft ausschließlich tagsüber und nur bis zum späten Nachmittag. Bereits am Abend waren wir verschwunden.

Das ermöglichte uns eine ganze Zeit ein weitestgehend unbeschwertes Leben und Arbeiten. Dass es aber auch ganz anders gehen konnte, lernte ich ebenfalls kennen. Dazu musste ich eigentlich nur einige Meter die Kurfürstenstraße hinaufgehen oder mir die anliegenden Straßen anschauen. Jeder Straßenabschnitt war eine Welt für sich.

Zu meiner Zeit war der Strich in mehrere Sektoren unterteilt.

Der untere Teil der Potsdamer Straße, zum Landwehrkanal hin, war damals nicht Teil des Straßenstrichs. Aufgrund der Verkehrssituation erschien er für das Gewerbe ungeeignet zu sein. Die Straße war eine viel benutzte Durchgangsstraße, auf der sich der Verkehr permanent staute. Außerdem war alles zugeparkt und die Busspur störte ebenfalls. Aber selbst dieses Stück der Straße wurde damals von einer Bande gekapert.

Buchstäblich von einem Tag auf den anderen wurde die rechte Seite der Straße mit einigen Frauen zugestellt. Zwischen den Geschäften und Imbissen flanierten dunkelhaarige Frauen in kurzen Röcken, auf hohen Schuhen und mit tiefen Dekolletés und warteten auf Kundschaft.

Die Neuankömmlinge kamen diesmal nicht aus Bulgarien oder Rumänien, sondern aus Ungarn. Erst spät am Abend nahmen sie ihre Tätigkeit auf.

Scheinbar wollten deren Zuhälter Revierkämpfen mit den anderen Zuhälterbanden aus dem Weg gehen. Darum hielten sie ausreichend Abstand zu dem etablierten Teil des Straßenstrichs. Andererseits fuhren sie ein ziemliches Aufgebot auf, um ihr neues Territorium zu sichern. Das Hauptquartier hatten die Zuhälter in einer Seitenstraße aufgeschlagen. Dort standen allabendlich mehrere Fahrzeuge mit ungarischen Kennzeichen. In kleinen Gruppen patrouillierten die Zuhälter permanent durch ihr Territorium.

Die jungen Frauen waren sehr sexy und äußerst bemüht, sich Kunden zu angeln. Deutsch sprach allerdings keine von ihnen.

Trotz aller Bemühungen kam der Strich aber nicht zum Laufen. Die Möglichkeiten zum »cruisen« waren für die Männer einfach zu schlecht.

Es dauerte also keine drei Monate und die Pusta-Gang räumte das Feld wieder. Genauso überraschend, wie sie aufgetaucht waren, verschwanden sie von einem Tag auf den anderen.

Ich gehe aber nicht davon aus, dass sie in die Heimat zurückgekehrt sind. Wahrscheinlich haben sie sich einfach nur ein lukrativeres Geschäftsgebiet gesucht. Später erzählte mir ein Bekannter, dass die Truppe mit ihrem »Geschäftsmodell« in Berlin wenig Erfolg hatte und schließlich in die Provinz abwanderte.

Charly: »Ich habe auch von denen gehört. Die haben es in Berlin wirklich an jeder Straßenecke probiert. Glück hatten sie allerdings keins. Obwohl die Frauen wirklich hübsch, sexy und recht ansehnlich waren. Die Organisation selbst kann man zwischen Zwangsprostitution und Menschenhandel einordnen. Deren Fehler waren aber die fehlenden Marktkenntnisse und die schlechte Vernetzung. In Berlin ist der Kuchen schon längst verteilt. Wenn Du Dich hier neu etablieren willst, dann musst Du irgendjemandem ein Stück vom Kuchen wegnehmen. Geräuschlos und ohne Krieg geht das aber nicht. Trotzdem kommen immer wieder neue Banden, samt ihrer Frauen, und suchen ihr Glück und das schnelle Geld in Berlin. In der Oranienburgerstraße, der Kurfürstenstraße und den anderen Hot Spots können die nicht mehr landen. In Berlin ist die Macht im Milieu längst verteilt.

Die neueste Masche sind Ausfallstraßen am Stadtrand. Dort ziehen sie dann einen Strich auf eigene Rechnung hoch. Das klappt manchmal sogar. Wenn es mal nicht klappt, dann ziehen sie einfach weiter. Ich schätze, dass sich allein in Pankow, Schönefeld und Spandau mehr als zehn dieser wilden Straßenstrichs gebildet haben. Die Anwohner freut´s. Ich würde mir mal wünschen, dass diese Zuhälter einmal einen Strich in einem Villenviertel etablieren würden. Irgendwo in Grunewald, wo die Politiker und Banker leben. Ich gehe jede Wette ein, dass die Polizei das Thema in wenigen Stunden beenden würde. Den feinen Herren möchte man doch so was nicht vor ihrer Haustür zumuten.«

Kimberley: »Das wird sicher nie passieren.«

Ficki Ficki vor der Kirche

Mitten im Kiez steht wie eine Festung des Guten die Zwölf Apostel Kirche. Widersprüchlicher geht es eigentlich kaum. Rund um dieses Gotteshaus tobt eine Hölle aus Prostitution und Drogenhandel.

Genau dieser Widerspruch und die offensichtliche Standhaftigkeit dieser Kirche ließen mich damals meinen Glauben an das Gute im Menschen nicht verlieren.

Die Kirchenmitglieder bemühten sich durch vielfältige Aktivitäten darum, das Elend rund um die Kurfürstenstraße zu lindern. Besonders kümmerten sie sich um die Drogenabhängigen. Vielen von ihnen wurde scheinbar auch wirklich geholfen. In jedem Fall wurden aber die zahlreichen Angebote gerne angenommen.

Es war aber im Gegenzug nicht so, dass die Freier, Zuhälter und Nutten der Kirche mit Respekt begegneten.

Dabei waren die Freier, die gegen die Mauern des Gebäudes pissten noch die Harmlosesten. Für die Zuhälter und die Prostituierten war die Kirche und die unmittelbare Umgebung nur ein Teil ihres Arbeitsplatzes.

Dabei begnügten sich die Nutten nicht nur damit, direkt vor der Kirche die Freier anzusprechen. Kleinere Jobs, vor allem in den späten Abendstunden, wurden direkt auf den Sitzbänken vor der Kirche erledigt.

Da wurde dann schnell mal geblasen oder gewichst, wenn es besonders schnell gehen und wenig kosten sollte.

Tagsüber war es so, dass der Platz vor der Kirche und das entsprechende Teilstück der Kurfürstenstraße von den bulgarischen Frauen besonders intensiv genutzt wurde.

Hier war die Anmache besonders aggressiv und aufdringlich. Potenziellen Freiern mag das gefallen haben, für »normale« Passanten glich das einem Spießroutenlauf.

Aber nicht nur die Fußgänger wurden hier besonders aggressiv angegangen. Das, was manche Frauen mit den Autos abzogen, konnte man schon als Gefährdung des Straßenverkehrs bezeichnen. Die Frauen unternahmen wirklich alles, um die Autos zum Anhalten zu bewegen. Einige sprangen ihnen regelrecht vor das Auto.

Hielt dann ein Fahrzeug an, dann sammelte sich gleich eine Traube von Frauen am Fenster der Beifahrerseite. Das wirkte alles wie ein Slapstick.

Die meisten Anwohner und auch einige der Autofahrer fanden diese Vorführungen aber alles andere als lustig. Sie fühlten sich belästigt und reagierten gereizt oder auch mal aggressiv.

Immer wieder hörte man hupende Autos und wütendes Gebrüll. Natürlich legte es niemand darauf an, mit den Frauen ernsthaften Stress zu bekommen, denn rund um diese »Bühne« hockten die bulgarischen Luden und warteten nur darauf, einzuschreiten.

Aber auch unter den vielen Frauen ging es nicht friedlich zu. Es kam fast täglich zu handgreiflichen Auseinandersetzungen unter den Huren. Die Frauen schienen sich um jede Kleinigkeit zu streiten. Meistens ging es aber ums Geld oder um einen Freier.

Besonders die Frauen, die in diesem Abschnitt arbeiteten, hatten einen äußerst schlechten Ruf bei den Anwohnern und in den Geschäften der Gegend.

In den meisten Geschäften und Lokalen hatten sie sogar Hausverbot. Besonders genervt reagierten einige der Kneipenwirte auf diese Frauen.

Anders als die bulgarischen Huren hatten Melanie und ich ein ziemlich gutes Verhältnis zu einigen der Anwohner und kleinen Geschäftsleute. Wir hatten sogar eine »Stammkneipe«. Dort machten wir unsere Pausen. Der Wirt dieser Kneipe hieß Werner und wurde von allen nur »Mütze« genannt. Mütze hatte keinen besonders guten Draht zu den Huren und Luden aus Bulgarien. Mütze war Mitte 60 und ein echtes Urgestein aus dem Kiez. Er kannte und beobachtete die Szene schon seit Jahrzehnten. Für Melanie und mich hatte er immer Zeit und erzählte auch gerne eine Geschichte aus dem Kiez.

Mütze betrieb seine Kneipe mit seinem Lebenspartner Heino. Die beiden wohnten im nahen Regenbogen Kiez.

Die »guten, alten Zeiten« waren ihr Lieblingsthema.

Mütze: »Das war hier nie eine Gegend für Pastorentöchter. Prostitution gab es hier immer schon. Früher war das alles aber kein Problem. Die Bewohner und die Frauen kamen sogar gut miteinander aus. Auch mit meinen Gästen und den Prostituierten gab es überhaupt keine Probleme. Man kannte sich und man respektierte sich. Wir waren wie eine große Familie. Alles hier war ruhig und friedlich. Die Sitten waren auch nicht so verkommen und rau wie heute.«

Heino: »Dann kamen die Drogen und mit ihnen die Dealer. Damit war dann hier Schluss mit den guten, alten Zeiten. Mit diesem Dreckszeug begann der ganze Zoff. Die Stimmung war eine ganz andere. Die Sitten wurden rauer und keiner nahm mehr auf den anderen Rücksicht. Ich habe hier mit meinen eigenen Augen gesehen, wie das Heroin die Menschen zugrunde gerichtet hat. Hier drehte sich alles nur noch um dieses Gift. Dafür wurde gefickt, geschlagen, betrogen, gestohlen, getötet und gestorben.«

Mütze: »Wir dachten damals, dass es eigentlich nicht noch schlimmer kommen könnte. Leider haben wir uns aber geirrt.«

Heino: »Dann kam die Invasion aus Südosteuropa und stellte wirklich alles in den Schatten, was wir bis dahin hier erlebt haben.«

Mütze: »Was sich hier an Frauen und Zuhältern aus Bulgarien und Rumänien herumtreibt, ist kaum vorstellbar und es werden ständig mehr. Dazu kommt, dass es mit den Frauen nur Ärger gibt. Jede dieser Frauen hat bei uns Hausverbot. Das gilt auch für die Kerle. Die will ich hier auch nicht sehen. Trotzdem probieren es diese Frauen immer wieder.«

Heino: »Die Mädels kommen halb nackt zu uns in die Kneipe. Meistens hängen denen sogar die Titten raus. Dann fangen sie an, die Gäste zu belästigen. Wir schreiten dann sofort ein und setzen die Schätzchen vor die Tür.«

Mütze: »Das hört aber anscheinend nie auf. Es kommen immer wieder neue Frauen, die es dann wieder probieren.«

Heino: »Die Zuhälter lassen die Frauen immer nur zwei bis drei Monate hier. Dann geht es für die Damen weiter in einen Puff oder eine andere Straße irgendwo in Deutschland.«

So wie die beiden redeten, dachten fast alle Anwohner im Kiez. Belästigungen, Streitereien, Handgreiflichkeiten und sogar kleinere Auffahrunfälle waren an der Tagesordnung. Wenn es nach der Mehrheit der Bewohner und Geschäftsleute gegangen wäre, dann hätte man lieber heute als morgen den gesamten Kiez zum Sperrgebiet erklärt. Dabei richtete sich die Wut fast ausschließlich gegen die Frauen vom Balkan und die drogenabhängigen Prostituierten. Dabei waren diese Frauen doch eigentlich die Opfer und nicht die Täter. Die wahren Täter standen nicht bei Kälte und Regen an der Kurfürstenstraße und hielten für kleines Geld ihren Arsch hin.

Der live Porno

Während meiner Zeit auf dem Straßenstrich habe ich an mir die Leidenschaft zum schamlosen Voyeurismus entdeckt. Damit war ich längst nicht alleine. Der gesamte Strich wurde rund um die Uhr von zahllosen Voyeuren und Spannern belagert. Ich kann das gut verstehen. Für Spanner gab es hier viel zu sehen und einiges zu erleben.

Mich nervten diese Typen auch ständig. Ich möchte nicht wissen, wie oft ich »heimlich« fotografiert oder gefilmt wurde. Dabei gab es mich für Spanner nicht in Aktion zu sehen. Ich habe bei meinen Freiern immer darauf geachtet, kein öffentliches Ärgernis zu erregen und auf Diskretion höchsten Wert gelegt.

Gefilmt und fotografiert wurde ich aber bereits, wenn ich nur an der Straße stand. Melanie ging es nicht anders. Sie schien das aber nicht zu nerven.

Von Melanie gab es sogar ein kurzes Video in ziemlich schlechter Qualität, das es bei YouTube im Internet auf über 10.000 Klicks gebracht hatte. Leider wurde es aber bereits nach nur wenigen Tagen gelöscht, weil der pornografische Inhalt auffiel.

Das Video musste von einem ihrer Freier heimlich aufgenommen worden sein, als sie ihm einen in der Wichskabine geblasen hatte. Man konnte gut erkennen, wie Melanie seinen Schwanz im Mund hatte.

Es gab auch einen Amerikaner, der fast täglich um uns herumschlich und fotografierte. Er wirkte anfangs wie ein Tourist, den einfach nur Berlin interessierte. Später fand ich heraus, dass er ganz gezielt die Frauen auf dem Strich filmte und fotografierte.

Zahllose seiner Filme kursieren im Internet. Einige sind ziemlich gut und auf den meisten bin ich sogar zu sehen.

Wenn es um wirklich gute Aufnahmen ging, dann waren die Spanner wirklich einfallsreich. Die Parkplätze, die von den Frauen benutzt wurden, um ihre Freier zu bedienen, waren allesamt bestens von Zuhältern bewacht und abgeriegelt. Selbst das schien aber für die Spanner kein Problem gewesen zu sein. Ausgerüstet mit Teleobjektiven wurden diese Plätze aus der Ferne ausgespäht.

Wenn die Luden mal einen von diesen Spannern zu packen bekamen, dann wurde es allerdings für ihn ungemütlich. Meistens ging dann auch noch die Ausrüstung zu Bruch.

Die Frauen machten es den Spannern aber auch leicht.

Anders als bei mir schien die Öffentlichkeit sie nicht zu stören, wenn sie gefickt wurden.

Einige der Frauen, die damals dort arbeiteten, waren wirklich völlig schmerzfrei, wenn es um die Orte ging, an denen sie ihre Freier beglückten.

Ein wirklich beliebter Ort für die ganz schnelle Nummer war der Parkplatz neben dem Sexshop. Der Parkplatz lag versteckt und war mit Buschwerk umsäumt.

Bevorzugt wurde er von einigen Bulgarinnen, die bereits im Sexshop Hausverbot hatten. Eine von diesen Frauen hieß Tinka.

Tinka war eine sehr schmale, junge Frau mit pechschwarzem Haar, das ihr bis zum Arsch reichte. Sie trug Röcke, die kaum breiter waren als ein Gürtel und dazu hohe Lackstiefel. Die Dinger hatten so hohe Absätze, dass sie darin kaum laufen konnte. Trotzdem machte sie es nicht unter 15 cm (Absatz).

Tinka war nicht nur besonders hübsch, sondern auch ausgesprochen freundlich und wahrscheinlich auch ziemlich klug. Zumindest sprach sie gutes Deutsch.

Sie war zurechtgemacht wie eine Straßenhure, aber wenn man sich ihr hübsches Gesicht und ihre Figur genauer ansah, dann wirkte sie eher wie ein Topmodell als wie eine Schlampe. Sie hätte wirklich mehr aus sich machen können, aber wahrscheinlich ließ man sie nicht.

Anders als ihre »Schwestern« aus Bulgarien war sie auch nicht nur für einige Wochen auf der Kurfürstenstraße. Sie schien auch nicht durch die verschiedenen Bordelle gereicht zu werden.

Sie hatte ihren Platz fast direkt vor der Kreuzung. Dort stand sie nicht in der Herde mit den anderen, billig rausgeputzten Hühnern. Sie musste irgendwie eine Sonderrolle spielen.

Fest stand aber auch, dass sie unter der Knute ihres Zuhälters stand, dem sie viel Geld einbrachte.

Tinka hatte im Sexshop Hausverbot, weil es dort mit ihr öfters Stress gegeben hatte. Den Ärger gab es, weil sie ihre Freier regelmäßig verarschte und abzog.

Dabei ging sie stets nach der gleichen Masche vor. Sie bot ihren Freiern einen Blowjob oder einen Fick zum, für die Kurfürstenstraße, üblichen Preis an. Damit hatte sie ziemlichen Erfolg. So wie sie aussah, war sie nämlich mindestens eine Kategorie über ihren schmuddeligen Schwestern vom Balkan. Sie wirkte eher wie ein teures Callgirl oder eine Edelhure aus einem Luxusbums. 30 Euro fürs Blasen und 40 Euro für einen Fick waren also echte Schnäppchen. Zum Ficken ging sie mit ihren Freiern in eine Pension. Auf dem Zimmer wurde sie dann zickig und forderte aggressiv mehr Geld. Für die vereinbarten 40 Euro zog sie noch nicht einmal ihr Top aus. Ficken ging überhaupt erst bei 100 Euro los.

Wenn der Freier dann Stress machte, dann stand ihr wütender Lude schon in der Bude und klärte die Sache.

Wenn für 30 Euro geblasen werden sollte, dann ging sie mit ihren Freiern in die Wichskabine. Dort zog sie eine ähnliche Nummer ab. Sie kassierte und nahm den Schwanz ihrer Freier auch tatsächlich in den Mund. Das tat sie aber nur für eine oder zwei Minuten. Dann war Schluss. Wenn der Kunde nicht etwas Geld drauflegte, dann machte sie nur noch kurz und launisch mit der Hand weiter. Ihre Freier durften sie noch nicht einmal anfassen. Kam es zu Protesten, dann wurde sie sofort laut und zickig. Oft endeten solche Veranstaltungen damit, dass sie keifend die Wichskabine verließ und den Freier mit seinem Schwanz in der Hand zurückließ. Wer es unter diesen Umständen schaffte, doch noch irgendwie abzuspritzen, war schon ein echtes Glückskind. Die meisten Männer schafften das nicht und verließen die Wichskabine unbefriedigt und um einige Euros erleichtert. Andere nahmen die Angelegenheit mit Humor und holten sich bei einem Pornofilm selber einen runter.

Dass Tinka sich mit diesem Verhalten keine Freunde machte, versteht sich von selbst. Darum war auch irgendwann für sie Schluss. Sie bekam Hausverbot und konnte die Wichskabinen nicht mehr benutzen.

Das schien sie aber auch nicht weiter zu stören. Sie verlegte kurzerhand ihren Arbeitsplatz ins Freie. Von da an besorgte sie ihren Kunden die schnellen Nummern hinterm Busch des erwähnten Parkplatzes.

Das alles wäre noch nicht einmal besonders erwähnenswert gewesen. Schließlich spielte sich an der Kurfürstenstraße so einiges im Freien ab. Es gab Huren, die ließen sich nur halb versteckt sogar am Tag ficken. Dass im Freien geblasen und gewichst wurde, kam auch vor.

Im Fall von Tinka bestand die Besonderheit für mich darin, dass ich sie und ihre Freier dabei von meinem Platz aus bestens beobachten konnte. Das tat ich dann auch mit großem Vergnügen. Ich ging sogar soweit, dass ich derartige Szenen mit einer versteckten Kamera filmte. Ich kam dabei voll auf meine Kosten.

Einen echten Volltreffer landete ich an einem Mittwoch. Das Wetter war wunderbar und wir hatten strahlenden Sonnenschein. Ich hatte also ideale Bedingungen , um zu filmen und dann auch noch Glück.

Tinka angelte sich einen Freier und verschwand mit ihm hinter das Gebüsch.

Die beiden standen so, dass ich sie bestens beobachten und sogar filmen konnte.

Der Freier war ein kräftiger junger Kerl. Die beiden wechselten ein paar Worte und er gab Tinka dann einige Scheine. Wie viel sie von ihm bekam, konnte ich leider nicht erkennen.

Als die beiden dann zur Sache gingen, wurde mir klar, dass ich einen echten Volltreffer erzielt hatte.

Tinkas Freier ließ die Hosen runter und sie hockte sich vor ihn. Dann zog sie ihm gekonnt ein Kondom über seinen Schwanz. Ich konnte gar nicht mehr wegschauen und hoffte, dass meine kleine Kamera alles in HD einfangen würde.

Der Kerl hatte wirklich einen tollen Schwanz. Das war ein riesen Ding und er stand bereits wie eine 1, bevor sich Tinka an ihm zu schaffen machte.

Ich hatte schon viel Schlechtes über Tinka gehört, aber was sie mit ihrem Freier hinterm Busch abzog, hatte wirklich Stil.

Nachdem sie ein wenig mit der Hand gearbeitet hatte, nahm sie den Schwanz in ihren kleinen Mund.

Das allein ergab schon ein fantastisches Bild. Hier stimmten die Proportionen. Die kleine Tinka mit ihrer zierlichen Figur und dem süßen Mund führte den riesigen Schwanz des dunkelhaarigen Stiers immer wieder tief zwischen ihre knallroten Lippen. Sie ließ es sogar zu, dass er sie am Hinterkopf packte und den Takt bestimmte. Dabei verschwand fast die Hälfte ihres Kopfes in seiner riesigen Pranke.

Tinka bot wirklich alles auf. Sie ließ den Schwanz vollständig in Ihrem Mund verschwinden. Das wirkte gekonnt und erotisch.

Es sollte aber nicht beim Blasen bleiben und Tinka hatte auch nicht vor den Freier abzuziehen.

Stattdessen stand sie auf, schob ihr schmales Röckchen nach oben und beugte sich brav und gefügig nach vorne. Er ging von hinten an sie heran. Sie korrigierte ihre Position mehrfach und spreizte ihre Beine ein Stück weiter auf. Dann half sie ihm, seinen riesen Schwanz in ihre kleine Fotze zu führen. Den Schwanz reinzustecken, wollte nicht auf Anhieb gelingen. Darum rotzte sie sich mehrfach in die rechte Hand und rieb sich die Spucke in die Fotze. Dann klappte es und der Stier ließ seinen mächtigen Schwanz langsam in sie eindringen.

Anfangs war er noch sehr vorsichtig und behutsam. Trotzdem klammerte sich Tinka bereits jetzt fest mit beiden Händen an einen Baum. Er hatte sie fest in den Hüften gepackt und erhöhte langsam das Tempo und die Wucht seiner Stöße.

Es war, als hätte ich Tinka sogar schreien gehört. In jedem Fall hatte ihre kleine Muschi einiges auszuhalten. Ihr Freier schenkte ihr nichts und trieb seinen Schwanz immer wieder fest in ihr kleines Becken. Der Typ war ein einziges Muskelpaket. In seinem Gesicht erkannte ich pure Geilheit und den Willen, ihr es mit aller Kraft zu besorgen.

Tinka schien das alles zu erdulden und gab sich hin.

Der Freier fickte die Kleine regelrecht zusammen und packte sie schließlich sogar am Haarschopf. Spätestens jetzt musste das alles sogar richtig schmerzhaft für sie geworden sein.

Ich bekam dann noch das Finale mit. Er haute ihr den Schwanz noch ein paar Mal mit besonderer Wucht rein. Tinka hatte ernsthafte Probleme sich auf den Beinen zu halten. Die hohen Absätze machten das alles zu einer ziemlich wackligen Angelegenheit.

An seinem Gesicht erkannte ich dann, dass er abspritzte. Ich gehe mal davon aus, dass es sich um eine ziemliche Ladung gehandelt haben muss. Zudem streckte er sich ihr dabei noch entgegen, um die ganze Portion auch möglichst tief in ihren zarten Körper zu injizieren.

Ich hoffe, dass das Gummi gehalten hat.

Ich hatte jetzt genug gesehen und gefilmt. Um nicht noch entdeckt zu werden, machte ich mich davon und ging auf direktem Weg nach Hause.

Dort schaute ich mir meine Videoaufnahme an. Ich hatte die ganze Szene in guter HD Qualität auf einer Speicherkarte eingefangen.

Das war ein wunderbarer Porno, der es Wert ist, veröffentlicht zu werden.

Abends zeigte ich Melanie mein Meisterwerk. Sie war ebenfalls total begeistert.

Melanie: »Super. Wundern tut mich das alles aber nicht. Wenn Tinka richtig vollgekokst ist, dann lässt sie sich wirklich überall ficken. Dann ist sie in einer anderen Welt. Der Stecher war bestimmt ihr Dealer. Für ein paar Gramm lässt sie mit sich doch alles machen.«

Tinka sah ich am nächsten Tag wieder bei der Arbeit. In gewohnter Manier zockte sie ihre Freier ab. Die Nummer mit dem Latino Hengst blieb eine Ausnahme. Den Typen habe ich auch nicht mehr gesehen.

Der Graf aus München

Ich habe Ihnen bereits von meinem ersten Freier auf dem Straßenstrich berichtet und was für ein Glück ich mit ihm hatte. Damals ging es nur darum, ihm seinen Schwanz zu blasen.

Als es mit dem Ficken ernst wurde, hatte ich wiederum ziemliches Glück. Beim Ficken ging es natürlich ziemlich zur Sache und die ganze Angelegenheit war wesentlich härter für mich als das Blasen. Trotzdem blieb ich von den richtig schlimmen Typen verschont.

Einer meiner fickenden Kunden sollte sich als echter Glücksgriff für mich erweisen.

Bei diesem Freier handelte es sich sogar um einen echten Grafen aus München. Zumindest stellte er sich mir äußerst galant als ein solcher vor.

Kennengelernt haben wir uns in einer sehr unaristokratischen Umgebung und unter eher einfachen Umständen. Zudem schien der Graf weder besonders wohlhabend noch gebildet zu sein. Er versuchte auch nicht, mir gegenüber diesen Eindruck zu erwecken. Auf mich wirkte er vom ersten Tag an authentisch und ehrlich.

Er war ein etwas einfältiger Herr in den besten Jahren. Er war von der Statur leicht untersetzt und stets sehr gut und vornehm gekleidet. Selbst bei 30 Grad im Juli trug er unter seinem geschlossenen Sakko eine elegant gebundene Krawatte.

Wir lernten uns im Sommer kennen. Damals stand ich fast an jedem Werktag an meiner Straßenecke. Den Grafen hatte ich bereits mehrmals beobachtet, wie er in einem dunkelblauen Auto langsam die Straße am Strich auf und ab fuhr. Unauffällig schaute er sich jede der Frauen genau an. Wurde eine Frau auf ihn aufmerksam, dann schaute er schnell weg und gab sogar etwas Gas, als wollte er sagen: »Ich bin nicht wegen des Strichs hier. Ich bin lediglich auf der Durchfahrt.«

Dass er ein Auge auf mich geworfen hatte, war mir schon längst klar. Aber auch bei mir verhielt er sich nach dem oben beschriebenen Muster. Dabei gab ich mir alle Mühe, zu ihm Kontakt aufzunehmen. Ich lächelte freundlich und ging sogar weit auf die Fahrbahn. Das schien ihn aber nicht zu beeindrucken. Vielleicht war er aber auch einfach zu schüchtern. Ich fand das süß!

Dann, an einem wirklich heißen Sommertag, bekam ich meine Chance. Dieses Mal war der Herr Graf nicht in seinem dunkelblauen Auto unterwegs, sondern ging zu Fuß die Potsdamer Straße hinunter. Es war zur Mittagszeit. Er musste wohl in der Gegend arbeiten und schien Mittagspause zu haben.

Er ging recht zügig auf der gegenüberliegenden Straßenseite. Dieser Teil der Straße gehörte schon nicht mehr zum Straßenstrich. Auch ich war in diesem Bereich normalerweise nicht tätig. Es war zwar kein Sperrgebiet, aber trotzdem duldete die Polizei in diesem Bereich keine Prostituierten. Stellte sich eine Frau doch mal dahin, dann musste sie damit rechnen, bereits nach kurzer Zeit in das Visier der zivilen Polizeibeamten zu geraten, die sich hier regelmäßig aufhielten.

Das gesamte Gebiet galt schon damals als Kriminalitätsschwerpunkt, nicht nur für die Straßenprostitution und den Drogenhandel.

Ich versuchte zu dem Grafen Blickkontakt aufzunehmen. Er schien mich aber nicht zu bemerken. Vielleicht war es aber so, dass er nur tat, als würde er mich nicht bemerken.

Ich versuchte geradezu Aufmerksamkeit zu erregen, sodass sich einige Leute sogar schon zu mir drehten und nach mir schauten. Nur der Graf ging unbeirrt weiter seines Weges. Schon drohte er mir wieder durch die Lappen zu gehen. Ich entschloss mich spontan, ihn dieses Mal nicht entkommen zu lassen und nahm die »Verfolgung« auf.

Es ist schon so, dass Du Dich auf der Straße an die Freier ranmachen musst, wenn Du nicht verhungern willst. Ich tue das auch so. Gerade bei Männern, die zu Fuß unterwegs sind, stelle ich mich häufig in den Weg und spreche sie an.

Kimberley: »Na. Warte mal. Hast Du etwas Zeit? Möchtest Du Dich ein bisschen mit mir vergnügen?«

Melanie ging in dieser Hinsicht noch wesentlich kecker zu Werk.

Melanie: »Willst Du mich ficken?«

Wir beide hatten mit unseren Methoden fast die gleichen Trefferquoten. Während einer Schicht von vier bis sechs Stunden sprach ich jeweils circa 40 bis 50 Passanten an. Mit zehn bis zwanzig kam ich dann auch ins Gespräch. Ins Geschäft kam ich dann mit circa fünf bis sechs Freiern.

Etwas schwieriger war es mit Freiern, die im Auto unterwegs und auf der Suche waren. Bei denen habe ich versucht, zumindest gut sichtbar an der Straße zu stehen und in Blickkontakt zu treten. Dazu habe ich mich natürlich jedes Mal gut in Szene gesetzt und stets freundlich gelächelt.

Hielt ein Fahrzeug an und wurde das Fenster heruntergelassen, dann hieß es natürlich, den Fisch nicht mehr von der Angel zu lassen.

Bei aller Offenheit auf der Jagd nach zahlungskräftigen Freiern war ich aber noch nie so weit gegangen wie damals, als ich den Grafen auf der gegenüberliegenden Straßenseite gehen sah.

Ich verfolgte ihn regelrecht und bekam ihn dann auch an der nächsten Straßenecke (Pohlstraße) zu packen. Von hinten fasste ich ihm an die Schulter, als er an der roten Ampel warten muste. Er erschrak und drehte sich um.

Kimberley: »Hallo. Bitte entschuldigen Sie.«

Der Graf: »Ja? Was kann ich für Sie tun.«

Er hatte sich zu mir umgedreht und stand jetzt ganz dicht vor mir. Er war ein ganzes Stück kleiner als ich und viel dicker, als ich es mir gedacht hatte. Sein Gesicht wirkte freundlich und offen.

Ich wusste im ersten Moment nicht, was ich eigentlich sagen wollte. Eine derartige Situation war auch für mich neu. Bisher war ich einem Freier noch nicht hinterhergelaufen. Ich legte dann aber einfach ganz offenherzig los.

Kimberley: »Ich dachte mir, wo ich Sie doch so häufig hier sehe, dass ich Sie einfach einmal anspreche. Vielleicht haben Sie sich ja einfach nur nicht getraut.«

Die Ampel war schon längst auf Grün gesprungen. Wir beide blieben aber dicht gegenüber stehen.

Der Graf: »Das stimmt. Ich hätte Sie wirklich gerne einmal angesprochen. Es stimmt auch, dass mir dazu bisher der Mut gefehlt hat.«

Kimberley: »Dann können wir das ja jetzt nachholen. Ich heiße Kimberley.«

Der Graf: »Es ist mir ein echtes Vergnügen, gnädige Frau. Ich erlaube mir ebenfalls, mich vorzustellen. Mein Name ist Leopold Graf von ******. Ich bitte Sie aber ausdrücklich, mich Leo zu nennen.«

Leo stellte sich stramm und aufrecht vor mich, nahm meine Hand und machte eine ganz leichte Verbeugung. So wurde ich wirklich noch nie begrüßt. Ich war gerührt. Gleichzeitig befürchtete ich, dass er vielleicht doch nicht wusste, was ich eigentlich von ihm wollte. Schließlich betrachtete ich ihn nur als möglichen Freier und wollte ihm ein entsprechendes Angebot unterbreiten. Ich war nicht auf eine Romanze aus. Während ich mir noch überlegte, wie ich das am besten klarstellen konnte, ergriff Leo das Wort.

Leo: »Ich bin Ihnen aus ganzem Herzen dankbar, dass Sie auf mich zugekommen sind. Ich hätte jetzt auch Zeit und natürlich großes Interesse. Selbstverständlich möchte ich auch Ihren zeitlichen Aufwand entsprechend honorieren. Darf ich Ihnen ein Salär von 200 Euro für die kommenden zwei Stunden anbieten? Selbstverständlich trage ich zudem die Kosten für ein entsprechendes Hotel.«

Damit war ich sofort einverstanden. Ich informierte kurz Melanie und ging dann mit Leo in ein nahes Hotel. Es handelte sich zwar nicht um eine Luxusherberge, aber immerhin um ein Hotel, das wesentlich besser war, als die verlausten Stundenhotels im Kiez.

Aus dem Date mit Leo wurden dann insgesamt drei Stunden. Ich kassierte aber nicht nach. Die Zeit mit ihm war ausgesprochen angenehm und nett. Leo duschte vor dem Sex und ich gab mir entsprechende Mühe im Bett. Ich ließ ihn mich ficken und spielte dabei das unschuldige Kammermädchen. Leo überließ ich das »Jus primae noctis«.

Das alles spielte sich in einer sehr angenehmen Atmosphäre ab. Er behandelte mich respektvoll und verlangte nichts von mir, was ich ihm nicht problemlos bieten konnte. Für mich war das ein bisschen wie Theater spielen.

Nach dem Sex tranken wir noch gemeinsam Tea und unterhielten uns gepflegt. Er erzählte von seiner Familie, die wohl aus Ungarn stammte und jetzt in Bayern beheimatet war. Er selbst war in Berlin beruflich tätig.

Es blieb nicht bei dem einen Treffen. Leo kam nicht mehr so oft zu uns auf den Strich und scharwenzelte auch nicht mehr zwischen den Nutten herum. Stattdessen steuerte er mich zielsicher an. Drei oder viermal im Monat kam es dann zu unseren Treffen. Es blieb jeweils bei 200 Euro und bei einer Länge von circa drei Stunden.

Schnell bemerkte ich aber auch, dass sich Leo richtig in mich verliebt hatte. Er fing an, mir Blumen zu schenken und trug sogar Gedichte vor. Ich konnte seine Gefühle nicht teilen. Er war zwar ein netter Kerl, aber überhaupt nicht mein Typ. Ich machte ihm auch keine Hoffnungen und nutzte seine Verliebtheit auch nicht aus. Es blieb bei einer rein geschäftlichen Beziehung und Leo blieb für die Zeit an der Kurfürstenstraße mein lukrativster Freier. Mehr wurde daraus nicht. Ich kann leider nicht mit einer glamourösen Geschichte und einem Happy End an dieser Stelle aufwarten. Ich kann Ihnen nur versichern, dass ich diesen netten Mann immer fair behandelt habe.

Voll auf Droge

Auf der Kurfürstenstraße kennt jeder jeden, zumindest flüchtig oder auch nur vom Sehen. Tag für Tag siehst Du immer wieder die gleichen Menschen. Dazu kommt der Strom von vielen neuen Gesichtern, die im 7-Minuten-Takt aus dem U-Bahn-Schacht die Treppe hinauf kommen. Und dann sind da noch die vielen Männer, die alleine in ihren Autos sitzen und sich die Frauen sehr genau anschauen.

Bei mir war es so, dass es schnell einige Menschen gab, die ich ganz gut kannte und mit denen ich mich ab und zu sogar unterhielt. Dabei war mir stets klar, dass die Gegend nicht geeignet war, Freundschaften zu finden. Hier war sich jede Frau selbst die Nächste. Jede Frau war mit sich und ihren Problemen schon genug beschäftigt.

Trotzdem war die Kurfürstenstraße damals eine kleine Welt für sich und ich gehörte irgendwie dazu. Ich kannte die Verkäufer aus dem Obstladen, der sich auf der gegenüberliegenden Seite der Potsdamer Straße befand. Sie winkten mir immer freundlich zu, wenn sie mich sahen. Ich kannte die Typen aus dem Telefonladen und dem Imbiss. Im Drogeriemarkt wurde ich schon bald von den Kassiererinnen freundlich gegrüßt. Sogar einige Männer, die täglich an mir vorbei gingen, grüßten mich. Sie waren wahrscheinlich gerade von der Arbeit auf dem Weg nach Hause. Für die war die Kurfürstenstraße nur ein Stück auf ihrem Heimweg.

Ich kannte aber auch die Sozialarbeiter und Streetworker, die sich fast ständig in der Nähe aufhielten. Einige sprachen mich an und boten mir die Hilfe und Unterstützung ihrer Vereine an.

Auch zu den anderen Frauen, die hier arbeiteten, entwickelte ich mit der Zeit Beziehungen. Obwohl ich in jeder Frau auch immer die Konkurrentin sah, verhielt ich mich trotzdem stets freundlich.

So lernte ich einige der rumänischen und bulgarischen Frauen kennen. Sie merkten schnell, dass ich es nicht darauf anlegte, ihnen die Freier wegzuschnappen. Es war vielmehr sogar so, dass ich ihnen weiterhalf, wenn sie in Gesprächen mit Interessenten sprachlich nicht weiterkamen. So vermittelte ich selbstlos so manches Geschäft.

Ich kannte auch einige der drogenabhängigen Frauen. Eine von ihnen hieß Sina. Sie war mir schon in meiner ersten Woche aufgefallen. Sie sah überhaupt nicht so aus, als wenn sie hier arbeiten würde. Sie trug Jeans, flache Schuhe und immer eine langweilige, halblange Jacke. Dazu trug sie eine Brille und hatte immer eine riesige Tasche unterm Arm. Sina arbeitete auch nicht wie die anderen Frauen. Sie stand nicht an der Straße oder vor dem Sexshop. Stattdessen ging sie durch die Straßen und sprach die Männer einfach an, ohne dabei auch nur stehen zu bleiben. Sie ging einfach auf einzelne Männer zu, schaute sie an und sagte: »Willst Du mich ficken?«

Natürlich gingen die meisten Männer auf ihr Angebot nicht ein, sondern schauten nur weg und gingen rasch weiter. Trotzdem schien die Methode ziemlich erfolgreich zu sein. Immer mal wieder sah ich Sina mit einem Mann in Richtung einer der Pensionen gehen.

Sina machte täglich nur so viele Freier, wie sie brauchte, um ihr Heroin zu bezahlen. Wenn sie zwei, drei oder auch viermal gefickt worden war, ging sie schnurstracks zu den Dealern und kaufte sich ihr Gift. Die Dealer standen damals in einer größeren Gruppe unter den U-Bahn-Gleisen der Bülowstraße. Kaum hatte sie ihr Zeug, dann ging es im Laufschritt zu einem Wohnmobil, das nachmittags und abends in der Frobenstraße stand. Dort besorgte sie sich eine frische Spritze und konnte meistens dort sogar drücken.

Wenn das nicht ging, dann kam sie zum Sexshop und setzte sich ihren Schuss in einer der Kabinen oder der öffentlichen Toilette auf der gegenüberliegenden Straßenseite.

Meistens war sie vor ihrem Druck schon ziemlich fertig mit der Welt. Sie schaute nicht mehr links und rechts und geriet fast in Panik, wenn sich keine freie Kabine fand.

So weit es in meiner Macht stand, half ich ihr, indem ich Waldemar bezirzte. Normalerweise ließ er nämlich keine drogenabhängigen Frauen in die Kabinen. Nur mir zuliebe machte er bei Sina eine Ausnahme.

Zwischen Sina und mir entwickelte sich schnell eine zarte Freundschaft. Sina vertraute mir und kam mit ihren alltäglichen Sorgen zu mir. Wo ich konnte, versuchte ich, ihr zu helfen. Wenn ich ehrlich bin, dann konnte ich aber eigentlich nur sehr wenig für sie tun. Im Vergleich zu Melanie und mir befand sie sich wirklich in einer total beschissenen und auswegslosen Situation. Sina brauchte wirklich professionelle Hilfe, die ich ihr natürlich nicht bieten konnte.

Sinas größtes Problem war ihre Heroinabhängigkeit.

Sina: »Ich hänge schon seit sieben Jahren an der Nadel. Pro Tag brauche ich 80 bis 100 Euro allein für den Stoff. Da kann ich bei Freiern nicht besonders wählerisch sein. Wenn ich nicht früh genug die Kohle für den nächsten Schuss zusammenhabe, dann beginnt bei mir die Torschlusspanik.

Es scheint Typen zu geben, die das spüren. Die nutzen das dann auch aus.«

Kimberley: »Wie meinst Du das?«

Sina: »Die sind wie die Geier. Die sehen mich und halten Abstand. Sie beobachten mich und merken, wie ich zum Affen werde.«

Kimberley: »Du wirst zum Affen? Meinst Du, dass Du Entzugserscheinungen bekommst?«

Sina: »Nein. Affe ist wahrscheinlich auch nicht der richtige Begriff. Es ist nur so, dass ich irgendwann am Tag dringend meinen nächsten Schuss brauche, sonst geht es mir schlecht. Davor habe ich sehr große Angst. Wenn ich erst mal soweit bin, dann mache ich für Geld fast alles. Ich lasse mich von vorne und hinten ficken. Ich blase ohne Gummi und schlucke alles, auch wenn ich gleich anschließend kotzen muss. Die Freier können mich wie Dreck behandeln und sogar schlagen. Solange es nur schnell geht und ich die Kohle bekomme, ist mir alles ganz egal. Wenn ich meinen Schuss brauche, dann spielt das alles für mich keine Rolle.«

Sinas Schicksal berührte mich wirklich. Ich wollte ihr irgendwie helfen, wusste aber nicht, wie ich es anstellen sollte. In meiner Verzweiflung sprach ich eine Sozialarbeiterin an und erzählte ihr von Sina.

Sie kannte Sina bereits und teilte meine schlimmsten Befürchtungen. Um Sina stand es wirklich schlecht.

Sozialarbeiterin: »Ich kenne Sina sehr genau. Sie ist wirklich in einer schwierigen Situation. Wir haben auch schon einiges probiert, um Kontakt zu ihr herzustellen. Das ist aber schwierig. Wir kommen einfach nicht an sie heran. Dabei könnten wir ihr einige Angebote machen. Wenn es Ihnen aber so wichtig ist, dann werde ich es natürlich noch einmal probieren. Ich werde sie ansprechen und versuchen, mit ihr gemeinsam nach Lösungsmöglichkeiten zu suchen. Ich verspreche Ihnen, dass ich wirklich alles versuchen werde. Trotzdem kann ich Ihnen aber nicht allzu große Hoffnungen machen. Der Fall ist wirklich kompliziert.«

Nach diesem Gespräch wurden meine Sorgen nicht kleiner. Ich war aber froh, mit einer Sozialarbeiterin geredet zu haben. Ich war mit Sina schlicht überfordert gewesen.

Zumindest dieses Kapitel hätte ich sehr gerne mit einem Happy End abgeschlossen. Ich hätte Ihnen gerne von Sina berichtet, wie sie erfolgreich eine Entzugstherapie gemacht hätte. Ich hätte Ihnen gerne darüber berichtet, wie sie anschließend ihr Leben wieder in den Griff bekommen hätte. Ich hätte Ihnen gerne etwas von einem neuen Job und vielleicht sogar einer echten Liebe erzählt.

Leider kann ich das alles nicht. Tatsächlich weiß ich nicht, was aus Ihr geworden ist.

Sie verschwand von einem Tag auf den anderen von der Bildfläche. An einem Donnerstag sah ich sie am frühen Abend zum letzten Mal. Alles war eigentlich wie immer. Sie war auf dem Weg zum Druckbus. Sie war in Eile und hatte keine Zeit, um mit mir zu reden. So blieb es bei einem flüchtigen Gruß und einem kaum sichtbaren Lächeln rund um ihren Mund. Damals dachte ich mir nichts weiter dabei. Wenn ich gewusst hätte, dass es unser letztes Mal war, dass wir aufeinandertrafen, dann hätte ich sie nicht so einfach gehen lassen. Das wusste ich damals aber nicht. Ich schaute ihr noch nicht einmal hinterher. Stattdessen kümmerte ich mich weiter um Kundschaft und nahm mir vor, mit ihr wieder gemeinsam einen Kaffee zu trinken. Dazu kam es leider nicht mehr. Am Freitag sah ich sie schon nicht mehr.

Auch die Sozialarbeiterin konnte mir nicht sagen, wo Sina abgeblieben war. Es machten aber die Gerüchte von einer Drogentoten die Runde, die auf einem Klo im Europacenter gefunden worden war. Wie es aussah, handelte es sich dabei um Sina.

Sina war damals 25 Jahre alt.

Sina: »Wenn Du an der Nadel hängst, dann kommst Du hier nicht lebendig raus. Als Frau schon gar nicht. Lass bloß die Finger von dem Zeug.«

SM im Auto

Auf dem Straßenstrich lernte ich die unterschiedlichsten Typen von Männern als Freier kennen. Die meisten waren »Normalos«. Es gab unter ihnen aber auch richtige Dreckschweine. Das waren Männer, die entweder auf ihre Hygiene überhaupt keinen Wert legten, oder zumindest meinten, wenn sie schon zu einer Hure gingen, dann könnte man der so ziemlich alles zumuten.
Ich habe mich von Kerlen ficken lassen (müssen), um die ich sonst einen weiten Bogen gemacht hätte.

In dem Buch »Im Puff war ich die Tiffany«, von Anja Baffour führt die Autorin einige Typen von unangenehmen Freiern auf. In ihrer Hitliste der nervigsten Freier (Seite 277) beschreibt sie insgesamt zehn Typen.
Ich habe beim Lesen dieses Buches viele dieser Typen aus meiner Zeit auf dem Straßenstrich wiedererkannt. Auch unter meinen Freiern gab es einige wirklich schlimme Finger.

Es gab aber auch ziemlich gute Männer. Darunter waren echte Schönlinge und solche, von denen man nicht erwartet hätte, dass sie sich auf dem Strich umschauen würden.

Ich lernte auch einiges an Sexpraktiken und erotischen Fantasien kennen. Öfters spielte ich in diesen Fantasien eine Rolle oder musste zumindest ein bestimmtes Klischee bedienen. Dabei ging es nicht selten um Beschimpfungen und verbale Demütigungen.

Das klang dann in etwa so:

»Du kleines Miststück. Du notgeiles Luder. Du willst doch, dass ich es Dir richtig besorge. Du bist doch einfach nur doof und ungefickt. Das mit dem Ficken kann ich ändern.«

Mit derartigen Dialogen könnte ich ein Buch füllen. Ich habe meine Freier verbal auch immer gewähren lassen, und sie sogar noch zusätzlich angeheizt. Mir hat das alles wenig ausgemacht. Für mich gehörte das zum Service. Jegliche Beleidigung prallte einfach an mir ab.

Schön und vor allem angenehm war das aber für mich nicht. Vor allem hat mich dieses Zeug aber selbst überhaupt nicht angemacht.

Ich hatte auch meine Grenzen. Ich ließ mich längst nicht auf alle gewünschten oder nachgefragten Sexpraktiken ein. Ich machte einen großen Bogen um jede Form von Gewalt beim Sex. Weder wollte ich irgendwie geschlagen werden, noch wollte ich jemanden verletzen. Für Derartiges bin ich nicht der richtige Typ. Außerdem kenne ich mich damit überhaupt nicht aus, und verspürte auch damals kein Verlangen, mich damit zu befassen. Dafür sind andere Frauen zuständig.

Trotzdem sammelte ich auch Erfahrungen mit körperlichen Züchtigungen als Sexpraktik. Mein erstes Erlebnis in diesem Geschäft sammelte ich mit einem Freier, der sich Udo nannte.

Aufgegabelt hatte ich diesen Typen an einem ziemlich gewöhnlichen Wochentag. Es war bereits kurz vor 18:00 Uhr und ich war eigentlich für diesen Tag bereits mit meinem Programm durch.

Knapp vor der Ampel hielt damals ein dunkelblauer Wagen dicht neben mir. Das Fenster an der Beifahrerseite öffnete sich und der Fahrer beugte sich herüber. Ich schaute in das Fahrzeug.

In dem Wagen saß ein nicht besonders großer und ziemlich dicker Mann mit rosigen Pausbacken und einem Oberlippenbart. Er schaute mich an und lächelte dabei.

Auf den ersten Blick wirkte der Mann unproblematisch. Wahrscheinlich jemand, der gerade von der Arbeit kam und sich noch erleichtern wollte, bevor es dann zum Feierabend nach Hause ging. Das Auto war ziemlich neu, sauber und auch nicht gerade ein billiger Fahrzeugtyp.

Typen, die solche Autos fahren, machen meistens keinen Stress und sind auch keine Pfennigfuchser. Während ich noch überlegte, sprach er mich bereits an.

Fahrer: »Na, bist Du frei?«

Kimberley: »Ja.«

Fahrer: »Na, dann spring mal ins Auto.«

Der Typ öffnete mir die Beifahrertür ein Stück weit. Ich griff die Tür am oberen Rahmen, stieg aber noch nicht ein. Ich suchte Melanie und hielt rundherum Ausschau.

Fahrer: »Was ist los? Ich halte hier schon den Verkehr auf. Steig jetzt ein.«

Kimberley: »Einen Moment bitte noch.«

Es gab zwischen Melanie und mir eine feste Verabredung. Wir passten aufeinander auf.

In den Wichskabinen und der Pension waren wir mit unseren Freiern verhältnismäßig sicher bei der Arbeit. Gefährlich war es eigentlich nur, wenn eine von uns zu einem Mann in einen Wagen stieg und wegfuhr. Im Auto ist das Risiko nur sehr schwer kalkulierbar. Darum haben wir für Nummern in Autos besondere Vorsichtsmaßnahmen ergriffen.

Zu diesen Maßnahmen gehörte es, dass wir uns gegenseitig informierten, wenn wir zu einem Freier ins Auto stiegen. Genau das wollte ich auch jetzt tun, bevor ich in den dunkelblauen Wagen stieg. Darum ließ ich mich auch nicht unter Druck setzen, als mein Freier anfing, zu drängeln.

Zum Glück dauerte es nicht lange und Melanie wurde auf mich aufmerksam. Daraufhin kam sie schnell näher. Mit Handzeichen gab ich ihr zu verstehen, dass ich mitfahren würde. Daraufhin notierte sie sich das Kennzeichen des Fahrzeuges und schaute auch noch mal »unauffällig« in das Wageninnere.

Erst als sie mir das »OK« gab, stieg ich in den Wagen. Noch bevor wir losfuhren, aktivierte ich unbemerkt unser »Sicherheitssystem«. Dieses Sicherheitssystem würde bei Melanie einen Alarm auslösen, wenn es im Auto zu lauten Geräuschen kommen würde.

Das System arbeitete mit meinem Smartphone und einer App und funktionierte wie eine Alarmanlage.

Gemeinsam fuhren wir die Kurfürstenstraße hoch. Ich fühlte mich nicht besonders wohl in meiner Haut und war auf »Signalstellung«. Obwohl der Typ hinter dem Steuer einen harmlosen Eindruck auf mich machte, kam mir alles ziemlich komisch vor.

Normalerweise verhandeln meine Freier mit mir den Preis und äußern ihre Wünsche. Erst wenn man sich dann »handelseinig« ist, steige ich ins Auto. Das war in diesem Fall anders. Ich wusste nicht, was der Typ wollte und er wusste nicht, was ich verlangen würde. Das musste ich jetzt klären. Bevor ich aber loslegen konnte, fing er an.

Freier: »Ich heiße Udo Graz und wie ist Dein Name?«

Kimberley: »Mein Name ist Kimberley.«

Er schaute mich an, während er langsam fuhr, und reichte mir die Hand: »Kimberley ist ein schöner Name. Du bist aber nicht aus Berlin?«

Kimberley: »Nein. Ich komme aus Halle an der Saale. Du musst jetzt aber auf die Straße gucken, sonst bretterst Du hier noch einige Fußgänger um.«

Udo Graz: »Natürlich. Ich werde aufpassen. Wo fahren wir eigentlich hin?«

Kimberley: »Ich kenne hier ein Parkhaus. Fahre bitte gleich rechts ab. Was möchtest Du eigentlich? Ficken? Blasen?«

Udo Graz: »Ich wollte 100 Euro anlegen.«

Kimberley: »Ok. Dafür ist schon einiges möglich. Ich muss jetzt kurz telefonieren, und mich melden, damit ich nicht vermisst werde.«

Ich hatte Melanie nicht mitteilen können, wohin die Fahrt ging und wie lange sie dauern würde. Beides wollte ich jetzt schleunigst nachholen. Darum informierte ich Melanie kurz und knapp. Ich kalkulierte eine Stunde und als Ziel der Fahrt gab ich »unser Parkhaus« an.

»Unser Parkhaus« befand sich am unteren Ende der Lützowstraße und war schnell und einfach in wenigen Minuten zu erreichen. Dort fuhr ich dann auch mit Udo hin.

Melanie und ich hatten Schlüssel für dieses Parkhaus und einen Platz, den wir benutzen konnten. Hier waren wir weitestgehend unbeobachtet. Hier konnten wir auch am Tag im Auto ficken, ohne damit aufzufallen.

Schlüssel und Platz hatten wir von einem der Mieter, gegen eine kleine Gebühr, überlassen bekommen.

Die Fahrt im Auto mit Udo war schon nervig für mich. Er versuchte mit vielen Fragen, ein Gespräch mit mir in Gang zu bekommen. Dazu versuchte er auch noch, lustig zu sein.

Ich hoffte schon während der Fahrt, dass ich mit Udo möglichst schnell fertig werden würde. Dabei war mir klar, dass er mich ficken wollte. Für hundert Euro müsste ich mir schon ein wenig Mühe geben.

Ich schaute mir schon mal den Beifahrersitz genauer an. Der Sitz war groß und bequem. Ich würde hier einen Fick hinlegen können, ohne dass ich mich dabei besonders verrenken müsste. Das war zumindest schon mal positiv. Ich hasse das Ficken in Kleinwagen!

Udo parkte den Wagen in »unserer« Parkbucht. Mit einem Rundumblick vergewisserte ich mich noch mal, dass wir keine ungebetenen Zuschauer hatten. Wie es aussah, waren keine Spanner anwesend. Dabei hingen diese Typen sonst an allen Plätzen rum, die von den Freiern zum Ficken angefahren wurden. Hier im Parkhaus waren wir einigermaßen sicher. Hier kam man ohne einen Schlüssel praktisch nicht hinein.

Udo gab mir dann die hundert Euro. Ich bedankte mich freundlich und verstaute das Geld. Dann fing ich an, mich auszuziehen. Ich war praktisch gekleidet und wollte mich für ihn nackt machen. Normalerweise verlange ich dafür einen saftigen Zuschlag. Für 50 Euro ziehe ich nur meinen Rock hoch und ziehe mein Top aus. Den Tanga lasse ich sogar beim Ficken an. Bei 100 Euro war mehr drin.

Udo legte dann auch los und entkleidete sich vollständig. Das war schon etwas merkwürdig. Die meisten Freier ziehen gerademal die Schuhe aus und ziehen die Hose runter, um zu ficken.

Ich wunderte mich zwar, ließ ihn aber gewähren. Er hatte bezahlt, und mir war es ziemlich egal, ob er bekleidet oder nackt auf mir liegen würde.

Als er mit dem Ausziehen endlich fertig war, brachte er die vorderen Sitze in eine bequeme Liegeposition.

Ich griff mir ein Kondom und fing an seinen Schwanz zu wichsen.

Kimberley: »Ich werde Dir Deinen Schwanz jetzt blasen. Sage mir bitte, wenn Du mich ficken willst.«

Jetzt, wo Udo nackt neben mir saß, schaute ich ihn mir genauer an. Udo war ein wirklich fetter Sack mit einem riesigen bleichen Bauch. Unter diesem gewaltigen Fettklops war sein kleines Schwänzchen kaum zu finden. Sein Aussehen machte mir aber keine Probleme. Auf dem Straßenstrich kann man wirklich nicht viel erwarten. Was anfing, mich wirklich zu stören, war sein Körpergeruch. Ich hatte diesen Geruch schon während der Fahrt unangenehm bemerkt. Jetzt, wo er nackt dicht neben mir saß, roch ich es noch viel schlimmer.

Da ist es mir egal, wie elegant der Anzug und wie teuer das Auto ist. Starker Körpergeruch ist für mich einfach nur widerlich. Ungepflegte Männer sind für mich ein Gräuel. Das gilt privat, wie auch geschäftlich.

Udo stank wirklich fürchterlich. Ich versuchte ganz professionell zu verfahren und mir nichts anmerken zu lassen. Udo selbst schien das völlig gleichgültig zu sein. Er roch sich wahrscheinlich selbst gar nicht, oder dachte sich, dass er sich nun wirklich nicht um seine Körperhygiene kümmern müsse, wenn er sich eine von der Straße ins Auto holte.

Udo, ich schätzte sein Alter auf ungefähr 50 Jahre, hatte aber nicht nur einen winzigen Penis, sondern auch einen ganz kleinen, schrumpeligen Sack.

Damit ich ihn in Stimmung bringen konnte, fing ich an, sein kleines Schwänzchen mit meiner Hand zu bearbeiten. Das erwies sich wirklich als schwierig. Ich konnte ihn kaum richtig packen und hätte eigentlich eine Lupe gebraucht, um da unten etwas sehen zu können.

Das Wichsen tat ihm aber gut. Er sank entspannt im Sitz zurück, schloss die Augen und atmete tief durch.

Ich machte weiter und langsam nahm sein Penis ein wenig Form an. Er war aber noch längst nicht steif und groß genug, um ein Kondom rübergezogen zu bekommen. Bis es soweit wäre, lag noch viel Handarbeit vor mir.

Um ihn stärker zu stimulieren und richtig geil zu machen, fing ich an, nicht nur seinen Schwanz zu wichsen, sondern auch seine Brustwarzen abwechselnd durchzukneten. Ich bemerkte, dass es ihm gefiel, wenn ich ihn dabei etwas härter rannahm.

Er fing dann auch an, mir an den Brüsten rumzuspielen. Er fasste aber nicht fest zu, sondern glitt mit seiner rechten Hand nur sehr sanft hinüber.

Nach einigen, schier endlos erscheinenden Minuten hatte ich es auch geschafft, seinen kleinen Schwanz etwas aufzurichten. Ich zog ihm daraufhin sofort ein Kondom über und wichste schnell weiter.

Gleich würde ich seinen Schwanz in den Mund nehmen und blasen. Mit ein wenig Glück würde er mir bereits in den Mund spritzen. Dann würde ich es mir ersparen, dass sich dieser fette Sack auf mich legen würde. Udo war zwar kaum 1,60 Meter groß, dafür aber bestimmt 150 Kilogramm schwer. So einen Fettwanst hat man nicht so gerne auf sich liegen.

Ich sah mich schon auf dem richtigen Weg und nicht mehr weit bis zur Zielgeraden, als meine Planung für den weiteren Ablauf dieser Nummer jäh von Udo zerstört wurde.

Udo: »Schlag mich!«

Im ersten Moment dachte ich, mich verhört zu haben.

Ich hatte schon einiges von Typen gehört, die auf Gewalt beim Sex stehen. Ich kannte auch mehrere Frauen, die sich auf genau dieses Klientel ausgerichtet hatten. Ich selbst hatte damit aber bis dato nichts direkt zu tun gehabt.

Die Straße ist auch nicht der Ort, auf dem Männer nach Frauen für ihre BDSM-Vorlieben suchen. Für diese Männer gibt es entsprechende Lokalitäten, die extra für diese Wünsche eingerichtet und ausgerüstet sind.

Ich scheine zudem rein äußerlich nicht der Typ Frau zu sein, den sich Männer mit solchen Wünschen in ihrer Fantasie vorstellten.

BDSM war bisher noch nicht mein Geschäft gewesen und darüber war ich alles andere als traurig. Ich selbst konnte dem allen nämlich wirklich nichts abgewinnen.

Die BDSM-Szene, soweit man an der Kurfürstenstraße überhaupt von so einer Szene reden konnte, schien sich fast ausschließlich am späten Abend oder in der Nacht abzuspielen. Das waren Zeiten, an denen ich nicht arbeitete.

Damals im Auto wollte ich tatsächlich sichergehen, dass ich Udo nicht falsch verstanden hatte, und fragte daher noch mal nach.

Kimberley: »Was bitte?«

Udo: »Schlag mich!«

Ich unterbrach meinen Job und richtete mich auf. Dabei schaute ich ihn ernst an.

Kimberley: »Schlagen ist bei mir nicht drin. Wenn Du mich auch nur anpackst, dann rufe ich die Polizei. Haben wir uns verstanden?«

Udo: »Nein! Das würde ich nie tun. Ich werde Dich nie schlagen. Ich bin es, der die Schläge verdient hat. Du musst mich bestrafen. Du darfst mich nicht schonen. Ich muss von Dir bestraft werden.«

Innerlich war ich nahe davor, zu lachen. Ich riss mich aber zusammen und legte sogar einen sehr ernsten Blick auf. Ich hatte wenig Erfahrung darin, einen Mann zu schlagen. Andererseits sprach im Grunde nichts dagegen. Solange das hier alles nicht aus dem Ruder laufen würde, könnte ich ihn ruhig ein bisschen hauen. Ich hatte aber eine rote Linie: Er durfte mich nicht schlagen und ich würde ihm unter keinen Umständen

Verletzungen zufügen. Für beides war ich absolut nicht zu haben, und schon gar nicht für 100 Euro.

Ich fing also mit einem Schlag auf seinen schwabbeligen Bauch an. Obwohl es ziemlich klatschte, als ich mit der flachen Hand zuschlug, schien ihm die Schmerzdosis nicht annähernd zu reichen. Er zuckte noch nicht einmal. Stattdessen vernahm ich nur: »Mehr! Schlag härter zu.«

Dieses Mal legte ich mehr Kraft in meinen Schlag und machte dazu auch noch ein böses Gesicht. Ich kniff die Lippen fest zusammen und guckte ihn ernst an.

Ich schlug ihm dann abwechselnd von der linken und der rechten Seite auf seinen dicken Bauch. Langsam schien ich die richtige Dosis dabei gefunden zu haben. Er schaute leicht schmerzverzerrt, aber auch befriedigt. Dabei wusste ich, dass das erst der Anfang sein würde.

Ich wunderte mich selbst über mich. Es war zwar nicht so, dass mich das alles geil machte, aber es brachte mir doch zumindest richtig Spaß.

Es blieb dann auch nicht bei Schlägen auf seinen Bauch. Stattdessen kümmerte ich mich jetzt wieder um seinen Schwanz und unterlegte das alles auch noch verbal.

Ich wichste ihm den Schwanz und schaute ihn böse an.

Kimberley: »Wehe, Du bekommst einen Steifen. Wehe! Dann haue ich ihn dir grün und blau.«

Das machte ihn erst so richtig an. Sein kleiner Penis wurde hart und steif. Ich hörte sofort mit dem Wichsen auf und schlug mit meiner flachen Hand von vorne und von hinten auf seinen Schwanz.

Kimberley: »Ich habe Dir doch gesagt, dass Du Deinen Schwanz nicht steif machen sollst. Hör sofort auf damit, Du stinkendes Schwein.«

Jetzt ging die Sache richtig gut ab! Ich hatte die richtige Art gefunden, ihn zu schlagen, ohne ihm dabei wehzutun. Außerdem stimmte mein Ton. Er schien richtig darauf zu stehen, von mir vulgär beschimpft zu werden.

Ich schlug ihm schon längst nicht mehr nur auf seinen kleinen Penis, sondern auch auf andere Partien seines Körpers. Ich suchte mir dabei gezielt die Stellen, bei denen es richtig laut klatschte, wenn ich mit meiner offenen Hand zuschlug. Ich schlug ihm auf die Oberschenkel, die Unterarme, den Bauch und seine Brust.

Kimberley: »Du stinkst wie ein dreckiges Dreckschwein.«

Udo: »Ja, ich bin ein dreckiges Dreckschwein.«

Kimberley: »Und Du willst mich ficken?«

Udo: »Ja.«

Kimberley: »Du willst mir Deinen widerlichen kleinen Rattenschwanz in die Fotze schieben?«

Udo: »Ja, ich will Dich ficken.«

Kimberley: »Das kannst Du total vergessen. Von Schweinen lasse ich mich nicht ficken. Ich will, dass Du Dir jetzt selbst Deinen Schwanz nimmst. Ich will, dass Du ihn Dir jetzt selbst wichst. Ich schaue mir das an, und wenn Du das nicht richtig machst, dann haue ich Dir links und rechts in die Fresse.«

Ich habe in diesem Bericht den Dialog mit Udo stark verkürzt. Tatsächlich ging es in diesem Ton noch eine ganze Weile weiter. Ich war sogar richtig erfinderisch beim Kreieren neuer Beschimpfungen und Beleidigungen. Ich muss auch zugeben, dass mir die Geschichte jetzt wirklich Spaß machte. Geil wurde ich aber überhaupt nicht. Das Gegenteil war sogar der Fall. Je öfter ich ihn mit Schimpfwörtern, wie »dreckiges Schwein« belegte, je sexuell abstoßender fand ich ihn.

Diesen Kerl würde ich wirklich nicht mehr auf mich rauflassen. Das schien er auch gar nicht mehr zu wollen. Stattdessen glotzte er mich an und wichste fest und schnell seinen Schwanz. Dabei lief ihm der Sabber aus dem Mund und in seinen Augen konnte ich seine Geilheit deutlich sehen.

Um ihn zu unterstützen, griff ich mir seine beiden Brustwarzen und fing an, sie zu kneifen. Das musste jetzt wirklich ziemlich schmerzhaft für ihn gewesen sein. Sein Gesicht war schmerz- und lustverzerrt. Er schien aber in diesem Moment genau das gefunden zu haben, was er gesucht hatte.

Dann wurde er lauter und fing an, schwer zu stöhnen. Er schwitzte am ganzen Körper und war im Gesicht knallrot. Ich kniff an seinen beiden Brustwarzen noch mal fest zu und dann brüllte er wie ein notgeiler, alter Pavian.

Ich sah, wie einige wenige Tropfen Sperma aus seinem Schwanz liefen. Das war kein Abspritzen. Das war nur ein jämmerliches Rinnsal.

Udo schien aber einen großartigen Orgasmus gehabt zu haben. Er stöhnte immer noch und atmete schwer und laut.

Obwohl er kein Gummi auf seinem Schwanz hatte, hatte ich nichts von seinem Sperma abbekommen.

Ich schaute ihn ernst an und streichelte seine Brust. Der Bereich rund um seine Brustwarzen war rot und blau angelaufen.

Udo lag neben mir und wirkte glücklich, erschöpft und befriedigt. Er hatte bekommen, was er wollte und ich hatte 100 Euro verdient. Dabei hatte ich sogar Mund und Fotze schonen können.

Fragen zur Prostitution

Zur Kurfürstenstraße gehören auch die Polizei, das Ordnungsamt und die Mitarbeiter verschiedener Vereine, die sich um die Huren und Drogenabhängigen kümmerten.

Gerade die Polizei spielte eine wichtige Rolle. Dabei wunderte ich mich anfangs, dass nicht viel härter durchgegriffen wurde. Ich habe auch bis heute nicht verstanden, warum man den schlimmsten Auswüchsen dieses Treibens nicht einfach ein Ende gesetzt hat.

Ich verstehe nicht, warum Dealer in der Öffentlichkeit ungestraft Drogen verkaufen dürfen und niemand dagegen einschreitet. Ich dachte immer, dass das eigentlich nicht erlaubt wäre.

Ich wunderte mich schon damals, wenn Zivilbeamte der Polizei einige Dealer von der Straße wegfingen, warum eben diese Dealer am folgenden Tag ihre Geschäfte am selben Platz weiter betrieben.

Das alles mag mit Strategie und den geltenden Gesetzten zu tun haben. Ich verstehe das aber nicht.

Wenn es um die Prostitution geht, dann verstehe ich die Gesetze, die Justiz und die Polizei noch viel weniger.

Ich finde, dass es richtig ist, Prostitution grundsätzlich zuzulassen. Ich habe auch nichts dagegen, dass ausländische Frauen in unserem Land anschaffen gehen. Was ich aber überhaupt nicht verstehe, warum es zugelassen wird, dass das Milieu derart ungezügelt ausufert. Deutschland hat die Straßen schon längst Zuhälterbanden und Menschenschleppern überlassen.

Wir schreiten nicht ein, wenn junge Frauen verschoben und verkauft werden, wie Vieh.

Wir dulden es, dass diese Frauen um ihr hart verdientes Geld von Luden betrogen werden.

Warum gibt es keinen Aufschrei?

Es wird endlich Zeit, dass die Politik dem allen einen passenden Gesetzesrahmen gibt. Es ist an der Zeit, dass die Polizei endlich die entsprechenden Mittel und Möglichkeiten bekommt, effektiv und konsequent im Milieu zu arbeiten.

Happy End

Melanie: »Wenn wir so weitermachen, dann erlebt keine von uns beiden ihren einundzwanzigsten Geburtstag. Entweder werden wir von einem durchgeknallten Freier in der Dunkelheit abgestochen oder wir springen im Winter in die Spree. Für mich ist Feierabend!«

An diesem Abend saßen wir beide in der kleinen Küche unserer gemeinsamen Wohnung am Tisch. Vor uns stand eine Flasche Wodka, die wir schon zur Hälfte ausgetrunken hatten.

Hinter uns lag ein fürchterlicher Tag. Hinter uns lag unsere letzte Schicht auf dem Straßenstrich.

Wir beide hockten in Jogginghosen und weiten T-Shirts auf den Küchenstühlen, hatten verweinte Augen und kippten einen Wodka nach dem anderen herunter.

Dabei ging es mir noch verhältnismäßig gut. Richtig beschissen ging es Melanie. Sie war nicht nur verheult, sondern auch noch am ganzen Körper grün und blau. Dazu hatte sie Platzwunden und Schürfungen, die wir nur notdürftig versorgt hatten.

Kimberley: »Wir sollten in die Klinik fahren und Dich von einem Arzt untersuchen und behandeln lassen.«

Melanie: »In die Klinik fahren? Du tickst ja wohl nicht richtig. Ich möchte erst, dass ein Arzt gerufen wird, wenn ich leblos auf dem Boden liege und jemand die Umrisse meines Körpers mit Kreide auf den Teppich malt. Du bekommst mich nie in eine Klinik.«

Melanie kippte sich ihr Glas voll und trank den Wodka in einem Zug.

Melanie: »Mal ganz ernst gesprochen. Wenn ich jetzt ins Krankenhaus fahre, dann bekommen wir Probleme mit den Bullen. Dann wird alles noch viel schlimmer. Nein. Es wird besser sein, wenn ich mich ein paar Tage verkrieche. Die Wunden sehen schlimmer aus, als sie sind. Das wird schon. Gegen die Schmerzen nehme ich Tabletten und die blutenden Stellen verbinden wir einfach. In keinem Fall gehe ich aber in ein Krankenhaus.«

Ich machte mir große Sorgen. Trotzdem hatte Melanie wahrscheinlich recht. Wenn wir in ein Krankenhaus gefahren wären, dann hätten wir die Bullen am Hals gehabt. Das konnte ich am wenigsten gebrauchen. Trotzdem musste Melanie versorgt werden.

Kimberley: »Dann mache ich Dir einen anderen Vorschlag. Du schläfst Dich jetzt ein paar Stunden aus. Morgen fahren wir mit dem Zug nach Pasewalk. Dort bringe ich Dich dann ins Kreiskrankenhaus. Da werden wir vor den Bullen sicher sein. Bist Du einverstanden?«

Melanie schaute mich an und nickte stumm mit dem Kopf. Ich stand auf, ging zu ihr und drückte sie an mich. Ich achtete dabei darauf, dass ihr meine Umarmung nicht wehtat.

Kimberley: »Du wirst sehen. Alles wird wieder gut. Morgen sieht die Welt schon ganz anders aus.«

Wir schwiegen. Mir ging vieles durch den Kopf. Melanie schluchzte. Zumindest weinte sie im Moment aber nicht.

Was war eigentlich passiert?

Die Ereignisse des Tages lagen erst einige Stunden zurück. Angefangen hatte alles am späten Nachmittag dieses schönen Tages. Melanie und ich waren an unserer Ecke und schafften an. Alles war eigentlich wie immer. Wir bekamen auch anfangs nichts von dem Streit mit, der auf dem Grünstreifen neben dem großen Parkplatz zwischen rivalisierenden Banden entflammte. Beteiligt gewesen sein mussten vielleicht 20 oder 30 Männer.

Streitigkeiten auf dem Straßenstrich gehörten für uns zum Alltag. Normalerweise blieb es bei lautstarken Beschimpfungen und unfreundlichen Rempeleien. Manchmal flogen auch die Fäuste. Damit hatte es sich aber auch meistens. Tagsüber wurden die Kämpfe nicht in der Öffentlichkeit ausgetragen.

Dieses Mal war aber alles anders. Aus dem Streit wurde eine riesige Schlägerei, die sich dann auf die Kurfürstenstraße verlagerte. Bis zum oberen Ausgang des U-Bahnhofs standen Männer in Gruppen und schienen kurz davor zu sein, aufeinander loszugehen. Wir schauten uns das Schauspiel staunend an und sahen noch überhaupt keine Gefahr für uns. Rund um uns herum blieben die ersten Schaulustigen stehen und beobachteten ungläubig die Szene. Melanie und ich waren ebenfalls neugierig. Dabei wäre es besser gewesen, wenn wir die Biege gemacht und uns in Sicherheit gebracht hätten. Das taten wir aber nicht. Wir blieben auf der Höhe des Parkplatzes hinter dem Sexshop stehen. Wir gingen sogar noch etwas weiter in die Kurfürstenstraße hinein. Dann ging alles ganz schnell.

Die Schlägerei geriet völlig aus den Fugen. Immer mehr Kerle strömten von allen Seiten herbei und mischten mit. Gekämpft wurde auch nicht nur mit den Fäusten. Die Schläger waren mit Baseballschlägern und Messern bewaffnet. Das alles lief ziemlich durcheinander. Es war für uns nicht zu erkennen, was sich dort genau abspielte. Viel schneller als wir es vermuteten, kam der Pulk auf uns zu und plötzlich waren wir mitten im Geschehen und in großer Gefahr.

Es war nämlich so, dass die Kerle nicht nur aufeinander losgingen. Einige von ihnen machten regelrecht Jagd auf die Frauen. Die Frauen, die sie zu packen bekamen, schlugen und traten sie. Selbst wenn die Frau bereits auf dem Boden lag, wurde sie weiter traktiert und sogar mit Baseballschlägern verprügelt.

Ich realisierte das alles erst, als ein Typ Melanie von hinten gegriffen hatte und zu Boden drückte. Ich wollte ihr sofort helfen. Da bemerkte ich, dass mich bereits zwei Typen ins Visier genommen hatten. Ich weiß, dass ich feige war, aber ich dachte in diesem Moment nicht lange nach. Ich sah für mich die Möglichkeit zu fliehen und genau das tat ich dann auch. Ich schlüpfte aus meinen High Heels, drehte mich um und lief vor meinen beiden Angreifern davon. Sie nahmen die Jagd auf. Ich hatte aber Glück. Es gelang mir, aus dem Menschengewusel zu entkommen. Ich rettete mich im letzten Moment auf die Potsdamer Straße. Dorthin verfolgten mich die beiden Typen nicht mehr. Ich fühlte mich dort sicher und blieb stehen. Ich musste Melanie helfen. Während ich noch überlegte, hörte ich von allen Seiten Sirenen. Mit unzähligen Fahrzeugen rückte die Polizei an und stürmte in die Kurfürstenstraße. Die Banden ergriffen sofort die Flucht und die Jagd begann.

In diesem Moment sah ich Melanie. Sie stand auf der Straße. Ich sprintete auf sie zu. Als ich näherkam, sah ich ihr blutverschmiertes Gesicht und ihre zerrissenen Klamotten. Ich nahm sie an die Hand.

Kimberley: »Wir müssen hier weg. Wir müssen sofort hier weg. Das ist hier noch nicht vorbei.«

Ich ging mit Melanie so schnell, wie es möglich war, in Richtung Potsdamer Straße. Sie stand unter Schock und konnte sich nur langsam bewegen.

An der Straßenkreuzung wimmelte es nur so von Polizisten. Sie ließen niemanden durch. Von jedem und jeder wurden die Personalien aufgenommen. Ich sah in einigen Polizeibussen Prostituierte und Zuhälter sitzen.

Ich wollte jetzt auf keinen Fall einkassiert werden. Ich ging direkt auf einen Polizisten zu, der sich uns in den Weg stellte. Mit lauter Stimme schrie ich ihn an.

Kimberley: »Schnell, ich brauche einen Arzt! Sie ist am Verbluten. Lassen Sie mich durch. Ich muss sie sofort zum Rettungswagen bringen.« Ich deutete auf einige Krankenwagen, die ein Stück oberhalb auf der Potsdamer Straße standen. Der Polizist überlegte kurz und ließ uns dann durch. Ich ging in die Richtung der Krankenwagen und zog die humpelnde Melanie hinter mir her.

Ich hatte aber gar nicht vor, zu einem der Rettungswagen zu gehen.

Stattdessen brachte ich Melanie direkt in unsere Wohnung.

Wie es in der Kurfürstenstraße an diesem Tag weiterging, kann ich nicht sagen. Ich schaute nicht mehr zurück.

Noch am Abend packte ich unsere Klamotten. Am nächsten Morgen fuhren wir mit dem Zug nach Pasewalk.

Das Thema Straßenstrich war für uns beide abgeschlossen. Wir wussten noch nicht, wie es weitergehen sollte. Eins wussten wir aber mit aller Bestimmtheit: Mit dem Strich war jetzt Schluss!

In Pasewalk zeigte sich dann, dass Melanies Wunden wirklich schlimmer aussahen, als sie waren. Trotzdem war es gut, dass sie ärztlich versorgt wurde. Sie blieb sogar für einige Tage im Krankenhaus.

Alles in allem, hatten wir wirklich noch Glück gehabt. Es hätte alles viel schlimmer kommen können.

Haben Sie auch eine Geschichte zu erzählen?

Haben Sie selbst im Milieu gearbeitet und wollen darüber berichten? Wir interessieren uns sehr für Berichte von Menschen aus dem Milieu. Ob Sie als Prostituierte, Wirtschafter oder in der Zuhälterei arbeiten oder gearbeitet haben, bestimmt haben auch Sie Dinge erlebt, die einen guten Stoff liefern.

Wenn Sie aus Ihren Erfahrungen eine interessante Geschichte machen wollen und Sie authentisch und spannend erzählen können, dann möchten wir Sie gerne dabei unterstützen.

Wir können Ihnen vollständige Anonymität garantieren. Bei uns können Sie ihre Geschichte unter einem Pseudonym veröffentlichen. Milieuerfahrene Autoren helfen Ihnen auch gerne dabei, aus ihren Berichten eine spannende Geschichte zu machen.

Nehmen Sie einfach per Email Kontakt mit uns auf. Wir freuen uns mit Ihnen über Ihr Projekt zu sprechen und mehr über Sie zu erfahren:

Euklido Life Sciences GmbH
Email: autoren@euklido.de

Obdachlos in Berlin

Ich möchte Ihnen zum Abschluss meines Berichtes noch das wunderbare Buch »Obdachlos in Berlin« von Ska Parker ans Herz legen. In diesem Buch erzählt uns Franziska (Ska), wie sie es geschafft hat mehrere Monate in Berlin ohne Wohnung zu überleben.

Es würde mich sehr freuen, wenn Ihnen dieses wunderbare Buch genau so gefallen würde wie mir.

Titel: »Obdachlos in Berlin - 21, blond und obdachlos: Drei Monate ohne festen Wohnsitz in Berlin.«

Autorin: Ska Parker

»Ich bin damals in die Obdachlosigkeit geraten und konnte mir lange nicht erklären, wie es dazu kommen konnte.« Ska Parker

Die Obdachlosigkeit in unseren Städten hat viele verschiedene Gesichter. In diesem Buch erzählt Ihnen Franziska „Ska" Parker die ganz außergewöhnliche Geschichte ihrer eigenen Obdachlosigkeit.

Ska Parker: »Ich war nie eine typische Obdachlose. Orte und Plätze, die von Obdachlosen aufgesucht wurden, mied ich ganz bewusst. Man sah mir meine Obdachlosigkeit nicht an und ich tat auch alles, um nicht aufzufallen. Aber schon damals stellte ich mir die Frage, ob es die typische Obdachlose überhaupt gab oder gibt. Zu vielfältig und einzigartig sind die Schicksale und Irrwege.«

Ska gehörte zu den "unsichtbaren" Obdachlosen in Berlin. Mit knapp 21 Jahren ist sie eine junge Frau, die im Berliner Stadtbild nicht als Obdachlose auffällt. Sie sieht aus, wie eine Frau auf dem Weg zur Arbeit oder nach Hause. Ska ist aber keine gewöhnliche Berlinerin, sondern eine Frau, die ständig auf der Suche nach einer Übernachtungsmöglichkeit ist. Ihr Alltag ist geprägt von den Sorgen, Belastungen und Problemen eines Menschen ohne eigene Wohnung.

Ska ist nicht von Zuhause abgehauen. Sie nimmt keine Drogen und trinkt keinen Alkohol. Ska ist auch nicht bereit, sich dauerhaft mit ihrer Obdachlosigkeit zu arrangieren.

Ska übernachtet nicht in Notunterkünften, holt sich ihr Essen nicht aus einer Suppenküche für Arme und schnorrt kein Geld auf dem Kurfürstendamm oder dem Alexanderplatz.

Begleiten Sie Ska in ihre Welt. Hören Sie ihr zu, wenn sie erzählt, wie sie in die Obdachlosigkeit geraten ist.

Lassen Sie Sich ihren Alltag schildern, der sich auf der Straße, in der S-Bahn, im Hostel und in „ihrem Büro“ abspielt.

Ska verrät Ihnen ihre Tricks und Schlichen. Sie erleben mit ihr das Auf und Ab der Obdachlosigkeit.

Ska erzählt Ihnen von Nächten im Bauwagen, in einer Ferienwohnung, in der Ringbahn, in der Hasenheide und vielen anderen Orten in Berlin.

Impressum

Berlin Kurfürstenstraße
vom Kuhstall auf den Straßenstrich
von Kimberley Wulf

Verlag
Euklido Life Sciences GmbH Berlin
13125 Berlin Am Hohen Feld 98
info@euklido.de

 ISBN: 978-3-945066-13-3

Gefällt Ihnen das Cover?

Die Gestaltung des Covers stammt von der Berliner Künstlerin und Autorin Anja Baffour. Sie haben die Möglichkeit dieses Cover als Poster oder auf Leinwand (in Farbe) zu erwerben.
Bei Interesse senden wir Ihnen gerne eine PDF Datei mit den möglichen Ausführungen. Schicken Sie uns einfach eine kurze E-Mail an:

Anja Baffour@euklido.de (Betreff: Cover)

44791399R00078

Printed in Poland
by Amazon Fulfillment
Poland Sp. z o.o., Wrocław